Rainer Patzlaff

Sprache, die Gesundheit bewirkt

Rainer Patzlaff

Sprache, die Gesundheit bewirkt

Ein pädagogischer Impuls Rudolf Steiners
im Kontext moderner Entwicklungen

edition waldorf
Verlag am Goetheanum

Freie Hochschule Stuttgart
SEMINAR FÜR WALDORFPÄDAGOGIK

Studie im Rahmen des Projekts der Freien Hochschule Stuttgart „Zukunft Waldorfpädagogik – Bildung in digitalen Zeiten"

von Tessin-Zentrum
FÜR GESUNDHEIT & PÄDAGOGIK

www.goetheanum-verlag.ch
www.forschung-waldorf.de

Umschlagfoto: Charlotte Fischer
Einbandgestaltung: Wolfram Schildt, Berlin/Claudia Wittorf, Stuttgart
Druck und Bindung: Majuskel Medienproduktion, Wetzlar

ISBN 978-3-7235-1719-2 Verlag am Goetheanum, Dornach
ISBN 978-3-949267-80-2 Pädagogische Forschungsstelle beim Bund der Freien Waldorfschulen, Stuttgart

Inhalt

1 Schule und Gesundheit – ein Rückblick

In der herkömmlichen Bildung und Erziehung von Kindern, wie sie in Deutschland in öffentlichen Schulen seit dem 19. Jahrhundert gepflegt wurden, spielten gesundheitliche Fragen, wenn überhaupt, nur eine marginale Rolle, und dabei blieb es auch bis weit in das 20. Jahrhundert hinein. Selbst die Erziehungswissenschaft sah keinen Forschungsbedarf. Als Tomáš Zdražil deren Publikationen bis zum Jahr 2000 durchsuchte, fand er die Frage nach der Bedeutung von Gesundheit und Krankheit für das Heranwachsen des jungen Menschen „nicht nur unbeantwortet, sondern nicht einmal gestellt" (Zdražil 2000, 18). Im Schulbetrieb war allenfalls von Hygienemaßnahmen die Rede oder von Prävention gegen Infektionskrankheiten. Weil die Schulpädagogik ihre Hauptaufgabe in der intellektuellen Wissensvermittlung sah, schien es selbstverständlich, dass die Gesundheit der Schülerinnen und Schüler im Wesentlichen eine Angelegenheit der Gesundheitsämter und Kinderärzte sei, nicht aber der Lehrerschaft.

Davon ließ man sich auch nicht durch den Aufbruch einer jüngeren Generation abbringen, die schon zu Beginn des 20. Jahrhunderts in der Pädagogik einen neuen Schwerpunkt setzte: Gleichzeitig mit der Jugend- und Wandervogelbewegung entstand die sog. Reformpädagogik, deren Ziel es war – z.B. in den von Lietz gegründeten Landerziehungsheimen (Lietz 2005) –, als Kontrapunkt zu den Schattenseiten der Industrialisierung und Urbanisierung eine gesunde, sittlich-religiös tingierte Lebensauffassung zu praktizieren, in Harmonie mit der Natur, mit viel Bewegung an der frischen Luft und einer erzieherisch wirksamen Gemeinschaftspflege.

So idealistisch der Elan dieser Bewegung auch war, er konnte nicht darüber hinwegtäuschen, dass die propagierten Ideale Lebensnähe, Körpergefühl, Kultur des Leibes, Gleichgewicht von Leib und Seele zwar auch auf eine Förderung der Gesundheit abzielten, inhaltlich aber floskelhaft-unbestimmt blieben und zu keinem ausgearbeiteten

Gesundheitskonzept führten. Zdražil monierte deshalb: „Die reformpädagogischen Forderungen bleiben auf einer ideellen, pädagogisch-theoretischen und kulturkritischen Ebene, ohne jede Art von wissenschaftlicher (medizinischer, psychologischer) Begründung" (Zdražil 2000, 28). Auszunehmen von diesem Urteil sind jedoch die pädagogischen Konzepte von Janusz Korczak, Maria Montessori und Rudolf Steiner, die sich auf eine klar umrissene Anthropologie stützten und internationale Verbreitung fanden.

Nach dem Zweiten Weltkrieg beschränkte sich in Deutschland die sogenannte „Gesundheitserziehung" zumeist auf Ratschläge zur Körperhygiene, zu Zahnkaries und gesunder Ernährung. In den 1970er Jahren wurde zusätzlich die Notwendigkeit gesehen, die Bevölkerung über die Gefahren des Rauchens und der Drogen aufzuklären, was jedoch so wirkungslos blieb, dass man ab den 1980er Jahren vermehrt auf Abschreckung setzte: „Filme, Bilder oder Plakate von Drogentoten, Krebsgeschwüren, Raucherbeinen oder Aidskranken sollten in der Bevölkerung Angst erzeugen" und dadurch das Gesundheitsverhalten verbessern (Michaelsen-Gärtner / Witteriede / Paulus 2009, 163).

Erst in den letzten zwei Jahrzehnten des 20. Jahrhunderts setzte ein grundsätzlicher Perspektivenwechsel ein: Statt nur negativ auf die Abwehr von Krankheiten zu setzen, sollte die Gesundheit positiv als eine konstitutive Kraft gewürdigt werden, auf die alle Menschen Anspruch haben. Ausgelöst wurde der Wechsel maßgeblich durch die Weltgesundheitsorganisation (WHO). Ihr gelang 1978, dreißig Jahre nach ihrer Gründung, ein großer Schritt zur globalen, auch politisch-rechtlichen Anerkennung der Bedeutung menschlicher Gesundheit durch eine internationale Konferenz in Alma-Ata, an der 123 Regierungsdelegationen und viele weitere Organisationen teilnahmen. Hier wurde Gesundheit erstmals zu einem grundlegenden Menschenrecht erklärt. Die Konferenz schloss mit der Deklaration von Alma-Ata, welche „die Weltgemeinschaft insgesamt zum Schutz und zur Förderung der Gesundheit aller Menschen auf der Welt" aufrief.

1986 entstand in einer Folgekonferenz die Ottawa-Charta zur Gesundheitsförderung, in der Strategien zur Verwirklichung des gesetzten Ziels entwickelt wurden. Davon sollten auch die Kinder nicht ausgenommen sein, und so wurde 1989 das Gebot der Gesundheitsvorsorge in die UN-Kinderrechtskonvention aufgenommen (Artikel 24), die mit Ausnahme der USA von sämtlichen Mitgliedern der UNO ratifiziert wurde. Keiner anderen UN-Konvention sind jemals so viele Staaten beigetreten. Mit der Ratifizierung wurde 1990 die Gesundheitsvorsorge für Kinder geltendes Recht.

Gesundheitserziehung in der Schule – tastende Versuche

Im Zuge dieser weltweiten Bestrebungen sah sich auch das Bildungswesen der Bundesrepublik Deutschland in der Pflicht, bereits in den Kindergärten und Schulen mit der Gesundheitsförderung und Prävention zu beginnen. (Die Entwicklung in den Kindergärten kann hier nicht weiterverfolgt werden.) Den Beginn machte die Kultusministerkonferenz (KMK) schon 1979 mit ihren Empfehlungen zur „Gesundheitserziehung in der Schule". 1992 wurden ihre Empfehlungen in einen förmlichen Beschluss verwandelt, mit dem die KMK Gesundheitsförderung und Prävention als grundlegende Aufgaben der Schule und als integrale Bestandteile von Schulentwicklung festschrieb (KMK 1992). Alle Schülerinnen und Schüler, so der Tenor, sollten nicht nur ein Verständnis für Gesundheitsfragen erwerben, sondern auch zu einem verantwortungsvollen Umgang mit ihrer eigenen Gesundheit gelangen. Zu diesem Zweck sollten in der Schule folgende Themen behandelt werden: Ernährungserziehung, Hygiene und Zahngesundheitspflege, Sexualerziehung und AIDS-Prävention, Suchtprävention, Erste Hilfe sowie Sport- und Bewegungserziehung.

Wer die Themenliste liest, wird verstehen, warum die ab 1990 in der Bundesrepublik in bester Absicht durchgeführten, wissenschaftlich begleiteten Modellversuche zur „Gesundheitsfördernden Schule" bei Schülern und Lehrern wenig Anklang fanden und auch nach einer mehr als zehnjährigen Erprobungsphase in der Schullandschaft keine nennenswerte Verbreitung gefunden haben. Peter Paulus von der Universität Lüneburg, ein Pionier und Promotor auf diesem Felde, machte dafür vor allem innere Gründe verantwortlich: Die Schulen sahen sich nur als Versuchsfeld für von außen kommende schulfremde Interessen aus dem Gesundheitswesen und empfanden deshalb die geforderte Gesundheitsarbeit als „Zusatzgeschäft", das wenig zur Erfüllung ihres genuinen Bildungsauftrags beitrage (Paulus / Witteriede 2008, 52). Im Übrigen befand man sich damals in Deutschland nach dem PISA-Schock in einer Generaldebatte zur Neuausrichtung des Bildungswesens, und da stand ein anderes Thema im Vordergrund, nämlich „Qualitätssicherung".

Paulus schlug deshalb vor, das Vorhaben grundsätzlich anders anzugehen: Statt Gesundheitsprogramme von außen an die Schulen heranzutragen, müsse Gesundheit innerhalb der Schule selbst zu einer treibenden Kraft werden, die entscheidend zur Steigerung ihrer Qualität in Erziehung und Bildung beiträgt. Er forderte, das Schulganze als einen Organismus zu verstehen, in dem die Gesundheit der Lehrerinnen und Lehrer ebenso wichtig ist wie die Gesundheit der Schülerinnen und Schüler. Lehrkräfte, die mit dem Burnout kämpfen, könnten keinen guten Unterricht machen. Aber auch auf die möglicherweise krankmachenden organisatorischen Abläufe in der Schule müsse sich die Aufmerksamkeit richten. Kurz: „Gesundheit muss ein Bezugspunkt für alle wichtigen Prozesse in der Schule werden, damit Schüler und Lehrer gesund bleiben" (Paulus 2013).

„Die gute gesunde Schule" und ihre Hintergründe

Wegen der offenkundigen Schwäche des Modellprojekts „Die gesundheitsfördernde Schule" setzte sich ab 2003 ein verändertes Konzept durch, das Paulus „Die gute gesunde Schule" taufte. Das Ziel war, die Gesundheit von einem bloßen Unterrichtsfach zu einem inneren Bestreben der Schule selbst zu machen, zu einem zentralen Anliegen, dessen Realisierung ausschlaggebend sein sollte für die Qualität der geleisteten Arbeit. „Gesundheit ist ein Erfolgsfaktor der Schule", formulierte Paulus programmatisch und stellte rückblickend fest: „Angesichts der gesundheitlichen Situation der nachwachsenden Generation, angesichts der gesundheitlichen Belastungen und Beanspruchungen der Lehrkräfte wie auch angesichts der Erkenntnisse über krankmachende organisationale Strukturen und Prozesse der Schule schien dieser Ansatz am besten geeignet zu sein, in einem umfassenden Sinn schulische Gesundheit zu befördern." Was dazu notwendig sei, umriss er mit folgenden Worten:

> Die Schule sollte umfassend mit allen ihr zur Verfügung stehenden Möglichkeiten auf der Ebene des Unterrichts, des Schulethos, des Managements und der Kooperation mit inner- und außerschulischen Partnern Gesundheit der Schülerinnen und Schüler, aber auch der Lehrkräfte fördern. Gesundheit wird hier nicht mehr nur allein als physische Gesundheit verstanden, sondern umfassender als Kompositum physischer, psychischer, sozialer, ökologischer und spiritueller Wohlbefindensaspekte, wobei spirituell hier sinnhaft erlebtes Wohlbefinden meint.
> (Paulus 2013, 7)

Mit diesem Ansatz, Schulgesundheit als ein mehrdimensionales Geschehen zu verstehen, in welchem äußere Gegebenheiten mit bestimmten inneren Faktoren zusammenwirken müssen, reagierte Paulus als Gesundheitswissenschaftler auch auf die inzwischen stark veränderte allgemeine Gesundheitssituation, die zu einem Umdenken Anlass gab: An die Stelle erfolgreich zurückgedrängter akuter Erkrankungen traten immer mehr chronische Krankheiten (besonders Neurodermitis, Asthma, Heuschnupfen und andere Allergien) sowie zunehmend psychosomatische und psychische Auffälligkeiten; ferner bei Kindern gravierende Haltungs- und Bewegungsstörungen und sogar Typ-2-Diabetes („Altersdiabetes") infolge von Übergewicht oder Fettsucht (Adipositas). Das alles waren offenkundig Zivilisationskrankheiten, die auf die veränderten Lebensbedingungen in einer komplexer werdenden, pathogen wirksamen Umwelt zurückzuführen waren. Durch ihre epidemische Verbreitung drohten sie zum Normalzustand zu werden, sodass die Grenze zwischen Gesundheit und Krankheit nicht mehr klar zu ziehen war und die Frage immer drängender wurde: Wie können wir präventiv Gesundheit fördern, statt im Nachhinein die entstandenen Krankheiten zu bekämpfen?

Die Entdeckung der Salutogenese

Zukunftsweisend wurde in dieser Hinsicht das Konzept des israelisch-amerikanischen Medizinsoziologen Aaron Antonovsky (1923-1994), das in der Medizin einer kopernikanischen Wende gleichkam. Sein Impuls entsprang nicht aus theoretischen Überlegungen, sondern aus einer eher zufälligen Entdeckung am Zahlenmaterial einer Studie, die in Israel in den 1960er Jahren landesweit an 45- bis 54-jährigen Frauen durchgeführt wurde zu der Frage, wie ihnen die Anpassung an die Wechseljahre gelungen war. Die Erhebung lag schon abgeschlossen vor, als Antonovsky auf den Gedanken kam, die Werte derjenigen jüdischen Frauen, die aus Europa stammten und dort in einem KZ den Holocaust überlebt hatten, einmal gesondert auszuwerten. Das Ergebnis war wenig überraschend: Die meisten von ihnen hatten den Übergang in die neue Lebensphase nur schlecht bewältigt. Doch für Antonovsky war nicht die Anzahl der Kranken wichtig, sondern die Anzahl der Gesundgebliebenen. Er kehrte die gewöhnliche ärztliche Blickrichtung um und stellte verblüfft fest, dass immerhin 29 Prozent der Frauen trotz der Gräuel und Grausamkeiten, trotz aller Leiden und Qualen, die sie in der Lagerhaft erlitten hatten, den Übergang in die Menopause gut gemeistert hatten und 25 Jahre nach dem Martyrium körperlich wie auch psychisch erstaunlich gesund waren (Antonovksy 1971). 29 Prozent – diese eine Zahl elektrisierte ihn, und so stellte er die Frage, die noch kein Arzt gestellt hatte: Woher haben diese Frauen nach einem solchen Leidensweg die Kraft genommen, sich positiv auf die neue Lebensphase einzustellen? Welche besonderen Eigenschaften und Ressourcen haben sie im KZ befähigt, selbst unter widrigsten Umständen ihr seelisches Gleichgewicht zu wahren und gesund aus der Katastrophe hervorzugehen?

Indem er zusammen mit Kollegen dieser Frage nachging, entwickelte sich in den folgenden Jahren eine rege Forschung zu der generellen Frage „Wie entsteht überhaupt Gesundheit?“ Komplementär zu dem medizinischen Begriff Pathogenese („Herkunft der Krankheiten“) prägte Antonovsky den Begriff Salutogenese („Herkunft der Gesundheit“) und gab damit der neuen Wissenschaft ihren Namen, einer Wissenschaft, die Gesundheit nicht als Abwesenheit von Krankheit definiert, sondern als eine eigenständige Qualität, die empirisch erforscht und beschrieben werden kann. Er verstand sie nicht als eine Kampfansage an die klassische Medizin, sondern als eine notwendige Vervollständigung (Antonovsky 1997).

Ein verändertes Gesundheitsverständnis

Die Salutogenese eröffnete einen neuen Blick auf das Wesen von Gesundheit und Krankheit: So wenig, wie das aufrechte Stehen des Menschen ein stabiler Zustand ist, sondern immer wieder aufs Neue durch muskuläre Ausgleichsbewegungen gegen die Schwerkraft verteidigt werden muss, ebenso ist auch die Gesundheit kein feststehender Zustand, sondern ein lebenslanges Ringen im Spannungsfeld zwischen salutogenen und pathogenen Kräften. Beide sind im Menschen jederzeit anwesend.

Die gewohnte Dichotomie von Gesund und Krank wird damit hinfällig. Nach Antonovskys Auffassung erstreckt sich zwischen absoluter Gesundheit und absoluter Krankheit als den zwei äußersten Extremen ein Kontinuum, auf dem sich die Menschen mit ihrem jeweiligen Gesundheitsstatus an einem bestimmten Punkt befinden. Von diesem Punkt aus können sie sich stets in die positive oder in die negative Richtung bewegen. Niemand verliert die Gesundheitskräfte vollständig, nur das Maß ist unterschiedlich. Selbst schwerkranken oder chronisch kranken Menschen bleibt somit noch eine Chance, sich in die positive Richtung zu bewegen.

Die im Leben häufig auftretenden Stressoren, die allgemein als Krankheitsursachen gelten – wie z.B. belastende Ereignisse im persönlichen Umfeld, psychischer Druck und Arbeitsüberlastung –, sind aus salutogenetischer Sicht anders zu bewerten: Sie müssen nicht zwingend zu Krankheiten führen, sondern können sich unter Umständen sogar gesundheitsstärkend auswirken, wenn die Betroffenen darin eine Herausforderung sehen, die eigenen Kräfte zu steigern. Gelingt ihnen das, festigt sich ihre Gesundheit, während eine mangelnde Bewältigung sie schwächt und Krankheiten auslösen kann (Faltermaier 2020).

Das führt zu dem Herzstück des salutogenetischen Konzepts: Das Maß an Gesundheit, über das jeder verfügt, ist nicht festgeschrieben durch die äußeren Gegebenheiten, in die einen das Leben gestellt hat, sondern kann in einem gewissen Rahmen positiv verändert werden durch Gegenkräfte, die der Mensch in seinem Inneren trägt und aktivieren kann, indem er auf eine Fülle von „Widerstandsressourcen" zurückgreift, die ihm teils durch die Lebensumstände zuteilgeworden sind, teils aber auch durch eigene Bemühungen erworben wurden, sodass er Widrigkeiten und Schicksalsschläge nicht als unabänderliches Fatum begreift, sondern als eine Aufgabe, die anzunehmen sich lohnt. Hier kommt ein Freiheitsmoment ins Spiel, das in der Medizin lange Zeit ignoriert wurde: Gesundheit erweist sich als ein Prozess, an dem die Persönlichkeit einen ungeahnt großen Anteil hat. Indem der Mensch gefordert ist, seine seelisch-geistigen Kräfte zu aktivieren, wird Gesundheit zu einer individuellen Angelegenheit, die entsprechend individuelle Behandlung von Ärzten und Therapeuten verlangt. Diese Sichtweise ist nicht wirklich neu; sie wurde schon von Paracelsus und von den Ärzten des Altertums vertreten, erscheint jetzt aber in einem neuen Licht, weil sie mit den Mitteln moderner Wissenschaft empirisch fassbar wird, wie die folgenden Ausführungen zeigen.

Antonovskys Konzept des Kohärenzgefühls

Gegen Stressoren und widrige Lebensumstände ist selbst die stärkste Individualität machtlos, wenn sie sich nicht auf bestimmte leibliche, seelische und geistige Grundlagen stützen kann, die in der Kindheit durch wichtige Erlebnisse und Lebensumstände sowie durch die erziehenden Personen angelegt wurden. Ein zentraler Aspekt der Salutogenese ist deshalb der Erwerb und die Pflege einer Haltung zum Leben, die auf persönlichem Empfinden, auf Überzeugungen und inneren Werten beruht, aber auch auf kognitiven Erfahrungen und aktiver Auseinandersetzung mit den Ereignissen des Lebens. Diese jeweils individuell errungene Grundeinstellung gegenüber der Welt und besonders gegenüber unvorhergesehenen oder belastenden Ereignissen bezeichnete Antonovsky als Kohärenz-Gefühl (engl. Sense of

Coherence, SOC). Er unterschied dabei drei Ebenen, auf denen der Mensch seinen Zusammenhang (Kohärenz) mit der Welt spüren und erfahren kann. Sie bilden die Grundpfeiler seelischer Gesundheit:

- Das *Gefühl von Verstehbarkeit* (Comprehensibility): Die Vorgänge und Phänomene der Welt werden als geordnet, in sich konsistent und stimmig, vorhersehbar und erklärbar erlebt, sodass man nicht einer Black Box gegenübersteht, die undurchdringbar bleibt, sondern sicher weiß: Die Welt ist durchschaubar, ich kann ihre Ereignisse, selbst wenn sie überraschend kommen, in einen Zusammenhang bringen und verstehen.

- Das *Gefühl von Handhabbarkeit* (Manageability): Wenn die Welt verstehbar ist, kann man auch handelnd in sie eingreifen und mit den Ereignissen, die das Leben mit sich bringt, zurechtkommen. Man vertraut darauf, dass die eigenen Ressourcen ausreichen werden, um auftretende Probleme und Herausforderungen zu bewältigen.

- Das *Gefühl der Sinnhaftigkeit* (Meaningfulness): Der Mensch empfindet die Gewissheit, dass sein Leben einen Sinn hat und sein Handeln für andere Menschen von Bedeutung ist. Widrigkeiten und Probleme werden nicht als Fatum verstanden, sondern als Herausforderungen, denen man sich zuversichtlich stellt, um an der Auseinandersetzung innerlich zu wachsen.

Die dritte Ebene hielt Antonovsky für die mit Abstand wichtigste. Bestärkt wurde er darin durch den jüdischen Psychiater Viktor E. Frankl, der als Einziger seiner Familie das KZ Auschwitz überlebt hatte und danach eindrücklich zu berichten wusste, dass in der Hölle des Vernichtungslagers nur diejenigen sich noch die innere Kraft zum Überleben bewahren konnten, „die ausgerichtet waren auf die Zukunft, auf eine Aufgabe, die auf sie wartete, auf einen Sinn, den sie erfüllen wollten“ (Frankl 1972).

Um sein Konzept empirisch zu belegen, entwickelte Antonovsky einen Fragebogen zum Kohärenzgefühl (SOC), der 11 Items zur Comprehensibility, 10 zur Manageability und 8 zur Meaningfulness enthielt. Bei Feldversuchen an einigen Tausend Probanden zeigten sich bei körperlich kranken Patienten teilweise deutlich niedrigere SOC-Mittelwerte als bei Gesunden, und die niedrigsten SOC-Werte überhaupt wiesen psychosomatisch und psychisch Kranke auf. Alle diese Werte korrelierten nicht oder nur sehr gering mit Alter, Geschlecht und anderen soziodemographischen Variablen – was beweist, dass sie kaum von äußeren, unabänderlichen Gegebenheiten abhängig waren, hingegen sehr stark von der seelischen Befindlichkeit. Angst und Depression z.B. senkten die Werte erheblich.

Gesundheit kommt von innen

Es gab aber auch beeindruckende Beispiele für positive Extremwerte: Zwei Ärzte der Medizinischen Hochschule Hannover konnten im Laufe einer stationären Behandlung bei einer Patientin und einem Patienten, die sich während der Therapie ineinander verliebt hatten, eine deutliche Erhöhung der SOC-Werte beobachten. Die Werte der Skala Meaningfulness hatten sich sogar verdoppelt. „Liebe ist sicherlich in höchstem Maße sinnstiftend und fördert die Salutogenese", lautete ihr Resümee (Sack / Lamprecht 1994, zitiert aus Schüffel 1998, 333).
Hierher gehört auch ein Befund aus der Heidelberger Prospektiven Interventionsstudie von 1973 bis 1999, in der u.a. die Bedeutung psychophysischer Wechselwirkungen für die Aufrechterhaltung der Gesundheit bis ins Alter untersucht wurde. Bei 3291 Probanden (55 bis 68 Jahre alt) wurde geprüft, welche gesundheitsfördernden Faktoren (gesunde Ernährung, erholsamer Schlaf, viel Bewegung etc.) in ihrer Lebensweise ausgeprägt wirksam waren und wer von ihnen 15 bis 20 Jahre später noch gesund angetroffen wurde.
Um die Einflüsse mit der stärksten Wirkung herauszufinden, fragten die Forscher 15 mögliche Gesundheitsfaktoren ab und stellten zu jedem Faktor fest, auf welche Personen er zutraf und wie es am Ende um deren Gesundheit stand. Die solcherart gebildeten 15 Subgruppen wurden einzeln ausgewertet. Ergebnis: Die Gesamtheit derjenigen Studienteilnehmer, die bis ins Alter gesund geblieben waren, verteilte

sich fast gleichmäßig auf die einzelnen Faktoren: Mit einer Ausnahme waren es in jeder Subgruppe jeweils 0,7 bis maximal 4,7 Prozent. Das erscheint auf den ersten Blick wenig, bedeutete aber, dass selbst von denjenigen Menschen, in deren Leben nur ein einziger Gesundheitsfaktor wirksam war, einige immer noch die Chance hatten, in Gesundheit alt zu werden. Frappant höher jedoch war die Chance, wenn dieser eine Faktor derjenige war, der im Fragebogen den Titel trug „Gefühlsmäßig spontane Gottesbeziehung". Hier waren zwanzig Jahre später noch 12 Prozent der Teilnehmer gesund, während es bei den 869 Probanden ohne jeglichen Gesundheitsfaktor am Ende nur noch ein Einziger war (Grossarth-Maticek 1999, 110 ff., 208). Anders gewendet: Selbst Menschen ohne nennenswerte Gesundheitsfaktoren hatten, wenn sie wenigstens auf ihre Gottesbeziehung setzen konnten, noch eine Überlebenschance, die mit keinem anderen der 15 Faktoren auch nur annähernd in dieser Höhe zu erreichen gewesen wäre. Die leibliche Gesundheit ist es also nicht allein, die den Menschen am Leben erhält …

Veranlagung des Kohärenzgefühls als Aufgabe der Pädagogik

Antonovsky betrachtete das Kohärenzgefühl nicht als eine angeborene Fähigkeit, über die nur manche Menschen verfügen. Er ging vielmehr davon aus, dass es sich bei jedem Menschen in den ersten zehn Lebensjahren entwickeln kann und bis zum 30.Lebensjahr weiter aufbaut. Danach aber, so meinte er, werde es sich kaum mehr verändern. Neuere Studien konnten jedoch zeigen, „dass sich Menschen auch in mittleren und späten Lebensphasen noch im Kohärenzgefühl wandeln können. Insofern sind Weiterentwicklungen des Modells der Salutogenese möglich und notwendig" (Faltermaier 2020). Ähnlich wie die moderne Hirnforschung feststellte, dass die Entwicklung der Hirnstrukturen des Menschen nach zwei Jahrzehnten keineswegs endgültig abgeschlossen ist, wie man lange Zeit annahm, sondern sich ein Leben lang noch verändern lässt durch intensive Tätigkeiten, so kann offenbar auch das Kohärenzgefühl bis ins hohe Alter jederzeit weiter-

entwickelt und verstärkt werden, und damit auch die Grundlage für Gesundheit.
Dennoch: Entscheidend für das Gelingen der grandiosen Möglichkeit zur Selbstbildung des Erwachsenen ist die Qualität des Fundaments, das in der Kindheit gelegt wurde. Der Aufbau eines tragfähigen Kohärenzerlebens wird damit zu einer eminent pädagogischen Angelegenheit und ruft nach einer eigenen Forschung, die zeigen könnte, auf welche Weise diese lebenswichtige, gesundheitsschaffende Kraft im Kind angelegt und gefördert werden kann.
Hier ist noch wenig geschehen. Das zeigte sich beispielsweise daran, dass der oben zitierte Gesundheitswissenschaftler Paulus zwar mit vollem Recht postulierte, die „Gute gesunde Schule“ mit den von Antonovsky herausgearbeiteten drei Säulen des Kohärenzgefühls zu gestalten, konkret aber nur auf ein Konzept zur Verbesserung des „Führungshandelns der Schulleitung“ verweisen konnte (Paulus 2013). In welcher Weise Methodik und Didaktik des Unterrichts verändert werden müssten, darüber gab er keine Auskunft.

Das Konzept der Resilienz

In denselben Jahrzehnten, in denen Antonovsky die Salutogenese-Forschung vorantrieb, entstand im angelsächsischen Raum eine verwandte Wissenschaftsrichtung, die unter dem Terminus „Resilienz“ bekannt wurde, der heute in aller Munde ist. Das zugrunde liegende lateinische Verbum re-silire bedeutet zurückspringen, abprallen. Was damit gemeint ist, kann man sich bildlich am Tennis- oder Federball veranschaulichen: Der heranfliegende Ball trifft auf den Tennisschläger, dringt kurz in das elastisch federnde Netz und wird zurückgeschleudert; er prallt an dem Widerstand ab. Man könnte den Vorgang auch mit einem Trampolin vergleichen, dessen Sprungtuch jeden Aufprall mit der Gegenkraft beantwortet. Entsprechend wird die Fähigkeit zur erfolgreichen Abwehr negativer Einflüsse in der Psychologie als Resilienz bezeichnet. Wikipedia definiert sie folgendermaßen:

> Resilienz als Eigenschaft wird bei Kindern oder Jugendlichen in der Regel als Reaktion auf schädliche Umgebungen verstanden. So werden zum

> Beispiel Kinder als resilient bezeichnet, die in einem sozialen Umfeld aufwachsen, das durch Risikofaktoren, wie zum Beispiel Armut, Drogenkonsum oder Gewalt, gekennzeichnet ist, und als Erwachsene dennoch zu einer erfolgreichen Lebensführung in der Lage sind.
> Die Resilienz von Erwachsenen ist dagegen häufiger eine Frage der Bewältigung eines einmaligen und normalerweise kurzen traumatischen Ereignisses. So werden auch Menschen, die nach einem Trauma wie etwa Vergewaltigung oder Kriegserlebnissen nicht aufgeben, sondern die Fähigkeit haben, weiterzumachen, als resilient bezeichnet. Kinder und Jugendliche benötigen mehr langfristige Anpassungslösungen als Erwachsene, um Widrigkeiten zu überwinden. Resiliente Personen haben gelernt, dass sie selbst es sind, die über ihr eigenes Schicksal bestimmen (sogenannte interne Kontrollüberzeugung). Sie vertrauen nicht auf Glück oder Zufall, sondern nehmen die Dinge selbst in die Hand und haben ein realistisches Bild von ihren Fähigkeiten (Wikipedia 2022, Zugriff 22.11.22).

Es zeigen sich „deutliche Ähnlichkeiten zur Stressbewältigung und zu den Widerstandsressourcen der Salutogenese. Dennoch kann das Konzept der Resilienz die Salutogenese nicht ersetzen, weil es keine umfassende bio-psycho-soziale Theorie der Gesundheit darstellt und wissenschaftlich bisher vor allem auf die psychische Entwicklung von Menschen bezogen wurde“, urteilt ein führender Wissenschaftler (Faltermaier 2020).

Steht das neue Jahrhundert im Zeichen psychischer Erkrankungen?

Den Erkenntnissen der Salutogenese- und Resilienz-Forschung kommt eine herausragende Bedeutung zu für die Gesundheit und das Wohlergehen der gesamten Bevölkerung. Das wird offenkundig, wenn man den Fokus einmal auf das Ausmaß psychischer Erkrankungen richtet, zu dem die jährlichen Gesundheitsstatistiken die Zahlen liefern. Hier einige Streiflichter:
Im Jahre 2010 meldete das Deutsche Ärzteblatt (Heft 33) eine „dramatische Zunahme“ psychischer Erkrankungen, ablesbar an den Daten der gesetzlichen Krankenkassen und der Rentenversicherung. So seien die psychisch bedingten Arbeitsunfähigkeitstage in den letz-

ten zehn Jahren um 37 Prozent gestiegen, die Krankenhausaufenthalte sogar um 70 Prozent. Der Anteil psychisch bedingter Frühverrentung liege inzwischen bei 36 Prozent.
Im nächsten Jahrzehnt setzte sich der Anstieg fort: Der DAK-Psychoreport 2019 meldete, dass sich in den vergangenen 20 Jahren die Zahl der Arbeitnehmer-Fehltage wegen psychischer Probleme mehr als verdreifacht habe. 2018 seien davon 2,2 Millionen Menschen betroffen gewesen, wobei die häufigste Diagnose „Depression" lautete. Psychische Erkrankungen seien zur Hauptursache für Berufsunfähigkeit geworden (Ärzteblatt.de, 25.7.2019).
Besonders bedrückend ist die Tatsache, dass diese Zunahme auch vor Kindern und Jugendlichen nicht haltmachte. Aus Ärztekreisen verlautete dazu im Oktober 2018 (also rund ein Jahr vor dem ersten Auftauchen des SARS-CoV-2-Virus):

> **Immer mehr junge Menschen sind psychisch krank**
> Sie haben Kopf- oder Bauchschmerzen, sind leicht reizbar oder fühlen sich ständig erschöpft: Wegen stressbedingter Beschwerden und psychischer Krankheiten sind immer mehr Schülerinnen und Schüler in Behandlung. Das geht aus einer Auswertung der Versichertendaten der Kaufmännischen Krankenkasse in Hannover (KKH) hervor. Hochgerechnet handele es sich um etwa 1,1 der insgesamt rund 9 Millionen 6- bis 18-Jährigen in Deutschland, teilte die KKH am Mittwoch mit. Als Ursachen gelten der hohe Leistungsdruck durch Schule und Eltern, digitale Reizüberflutung, Mobbing in sozialen Netzwerken sowie Versagensängste.
>
> **Behandlungszahlen teilweise um 100 Prozent gestiegen**
> Im Jahr 2017 waren rund 26 500 bei der KKH versicherte Kinder und Jugendliche wegen Anpassungs-, Angst- oder Schlafstörungen, Burnout, Depression sowie somatoformen Störungen in Therapie. Letztere sind Beschwerden oder Schmerzen, die keine erkennbare organische Ursache haben. Im Vergleich zu 2007 stiegen die Behandlungszahlen vor allem bei den 13- bis 18-Jährigen teils um mehr als 100 Prozent. [...]
> Nach Angaben der Studie des Robert Koch-Instituts zur Gesundheit von Kindern und Jugendlichen in Deutschland waren zuletzt etwa 16,9 Prozent der Kinder und Jugendlichen psychisch auffällig. Dem Kinder- und Jugendreport der DAK-Gesundheit zufolge hatten sogar 26 Prozent der Jungen und Mädchen psychische Leiden.
> (Aus: Ärzteblatt.de, 24.10.2018)

Nachdem 2020 die Covid-19-Pandemie ausgebrochen war und von den zuständigen Ministerien einschneidende Maßnahmen ergriffen wurden, um die weitere Ausbreitung des Virus einzudämmen oder sogar zu verhindern, war in der BRD auch unter den Erwachsenen eine nochmalige Zunahme von Depressionen, Angststörungen und anderen psychischen Erkrankungen zu verzeichnen, verursacht nicht zuletzt durch die anhaltende Lähmung des öffentlichen Lebens, die zu immensen wirtschaftlichen Einbrüchen führte und viele Menschen arbeitslos werden ließ. Sozial schwache Familien traf es am härtesten.

Verfehlte Schulpolitik und ihre psychischen Folgen

Bei Kindern und Jugendlichen in Deutschland gab es schon vor der Corona-Krise eine Zunahme psychischer Erkrankungen, die von den Ärzten, wie oben zitiert, in erster Linie auf den hohen Leistungsdruck durch Schule und Eltern zurückgeführt wurde sowie auf die digitale Reizüberflutung. Vollends dramatisch wurde die Situation 2020 und 2021 durch die staatlich verordneten Lockdowns und die fragwürdige Politik der Kultusministerien: Der Schulunterricht wurde stark eingeschränkt oder vollkommen ausgesetzt, sodass zahllose Schulkinder monatelang zuhause bleiben mussten und ihre Hausaufgaben am Bildschirm erhielten – ein Verfahren, das den Unterricht vollkommen einseitig auf kognitive Fertigkeiten und Wissenserwerb reduzierte, von manchen Politikern aber ausdrücklich begrüßt wurde als Durchbruch zu einer digitalen Unterrichtsform, deren Einführung ohnehin an der Zeit gewesen sei. Erst im Frühjahr 2021 dämmerte der Öffentlichkeit, was man mit der Schließung der Schulen während der Pandemie in Wirklichkeit angerichtet hatte: Eine Umfrage ergab bei einem Drittel der 11- bis 17-Jährigen psychische Auffälligkeiten, die in den psychiatrischen Kliniken zu einem nie gesehenen Ansturm führten (Der Spiegel, 8.5.2021). Die deutschlandweite COPSY-Studie kam zu dem Ergebnis, dass sich der Anteil von Kindern und Jugendlichen mit psychischen Auffälligkeiten im Vergleich zur Vor-Coronazeit verdoppelt hatte (Ravens-Sieberer et al. 2021).

Bei den jüngeren Kindern beobachteten Therapeuten, Ärzte und Psychiater ebenfalls besorgniserregende Symptome: neben diffusen Ängsten und Verunsicherung auch Entwicklungsstörungen, krankhafte Gewichtszunahme, Ticks, Verlustängste, Schreien im Schlaf, willkürliche Selbstverletzungen, Zerstörungswut, Flucht in den inneren Rückzug bis zum Verstummen, ferner sehr verbreitet psychosomatische Beschwerden wie Lethargie, Niedergeschlagenheit, Kopf- und Bauchschmerzen (Der Spiegel, 8.5.2021). Depression, Trauer und Resignation verdüsterten die Gemütslage und führten hier und da sogar zu Suizidgedanken.
Insgesamt war bis zum Jahresende 2020 die Zahl stationärer Behandlungen von Kindern und Jugendlichen bei folgenden Diagnosen im Vergleich zu 2019 bedeutend angestiegen: Typ-1-Diabetes plus 42 Prozent, Adipositas (insbesondere bei 5-bis 9-Jährigen) plus 58 Prozent, andere Essstörungen plus 26 Prozent. Nebenbei zeigten auch die Sprech- und Sprachstörungen eine Zunahme um 2 Prozent (DAK-Gesundheit 2021, XXIII).
Alle diese Resultate straften die offizielle Propaganda Lügen, die seit langem behauptet hatte, die Zukunft der Kinder sei nur gesichert, wenn die Pädagogen ihren Unterricht umfassend auf digitale Geräte stützen, sodass die Kinder selbständig arbeiten und das Lehrpersonal lediglich als „Lernbegleiter" fungiert. Genau dies war in einer Art Massenexperiment als Fernunterricht praktiziert worden (wobei die Lernbegleitung oft unzulänglich war oder ganz ausfiel). Die soziale Kluft in der Bevölkerung vergrößerte sich, indem ein Teil der Schülerschaft mit Elternhilfe die Anforderungen zufriedenstellend bewältigte, die schwächeren Kinder aber ohne pädagogische Zuwendung hoffnungslos überfordert waren.
Drastisch zeigte sich: Schule muss viel mehr bieten als nur intellektuellen Drill, sonst macht sie Millionen Kinder und Jugendliche krank. Psychische Stabilität ist nicht erreichbar, wenn man Kindern die sinnlich-konkreten Erfahrungen mit ihrer Umwelt einschließlich des Umgangs mit Freunden, Kameraden und Erwachsenen verwehrt. Die hautnahe Begegnung mit Welt und Mensch ist die Lebensluft, in der Gesundheit und Leistungsfähigkeit junger Menschen gedeihen. Dann lassen sich auch virtuelle Surrogate verkraften.

Man hatte also in Wahrheit den in der UNO-Kinderrechtskonvention garantierten Anspruch aller Kinder auf eine gesunde Entwicklung mit Füßen getreten. Spielplätze für kleinere Kinder waren wochenlang geschlossen, Treffen mit Spielkameraden und Schulfreunden verboten, das Besuchen der Großeltern untersagt, Sport und Bewegung fast unmöglich. Alles Gewohnte durfte nur noch virtuell in der Einsamkeit der eigenen Wohnung auf dem Bildschirm stattfinden. Was dabei von der Schule übrig blieb, war trockenes intellektuelles Lernen, und etwas anderes schien auch nicht gewollt zu sein, denn in den offiziellen Verlautbarungen während der Pandemie wurde unisono über „kaum mehr aufholbare Lerndefizite" geklagt; mit keinem Wort wurden die verheerenden gesundheitlichen Schäden erwähnt. Ein derart verengter Bildungsbegriff, dessen Blindheit für die wirklichen Bedürfnisse des Kindes an den sprichwörtlichen Nürnberger Trichter erinnert, entspricht schon längst nicht mehr dem Stand der Wissenschaft.

Unterricht, der gesundheitsstärkend wirkt – eine Revision steht an

Seelische Stabilität und Gesundheit entsteht nicht mehr von selbst, sie muss heute durch bewusste Anstrengungen schon in der Kindheit und Jugend aufgebaut und gepflegt werden, um die junge Generation für künftige Herausforderungen zu wappnen. Hier kommt auf das öffentliche Schulwesen eine Jahrhundertaufgabe zu, der es trotz vieler Bemühungen nur schwer gerecht werden kann. Man hat zwar erkannt, dass spezielle Gesundheitsprojekte oder Aufklärungskampagnen nicht ausreichen, und fordert zu Recht: „Gesundheitserziehung sollte vielmehr zu einem fächerübergreifenden und fächerverbindenden Unterrichtsprinzip werden und systematisch in einen ganzheitlichen Ansatz schulischer Gesundheitsförderung integriert werden" (Michaelsen-Gärtner / Witteriede / Paulus 2009, 168). Dieser Anspruch aber lässt sich nicht einlösen, solange der Unterricht primär auf der intellektuellen Ebene stattfindet. So wichtig Wissen und Einsichten auch sind, ein wirklich „ganzheitlicher Ansatz" muss tiefer dringen, um bis in das Lebensgefühl der jungen Menschen hinein wirksam zu werden.

Die für die seelische und geistige Gesundheit entscheidende Stärkung, das lehrt uns die Salutogenese-Forschung, entsteht nicht primär aus gedanklichen Überlegungen, sondern aus Kohärenzerfahrungen, die das Fühlen und Wollen befeuern. Um sie herbeizuführen, bedarf es einer Unterrichtskunst, die allein schon durch ihre Methode den ganzen Menschen anspricht und nicht nur den Kopf. Doch nach ihr fragt in der Fachliteratur niemand. Soweit ich sehe, ist bei den wissenschaftlichen Vordenkern der Gesundheitserziehung immer nur von Inhalten und Kompetenzen die Rede, die vermittelt oder geschult werden sollen.
Die inzwischen gewonnenen Erkenntnisse der Salutogenese-Forschung haben indessen einen Maßstab gesetzt, an dem sich nicht zuletzt der stattfindende Unterricht messen lassen muss. Notwendig wäre daher eine Durchleuchtung der gesamten Unterrichtspraxis unter salutogenetischen Gesichtspunkten, indem man für jedes Lebensalter bzw. Schuljahr prüft:

- Welche Unterrichts-Methodik wirkt in diesem Alter salutogen, welche pathogen?

- Welche Unterrichtsstoffe und -fächer unterstützen die aktuelle Entwicklungssituation?

Das entscheidende pädagogische Kriterium muss die Veranlagung einer nachhaltigen Gesundheit sein, nicht nur leiblich, sondern auch seelisch und geistig. Zugegeben: Das ist ein hohes Ideal. Die Beharrungskräfte im konventionellen Schulwesen werden sich einer so radikalen Infragestellung ihrer Gewohnheiten vermutlich widersetzen. Ein freies Schulwesen jedoch, das sich nicht in das starre Korsett staatlicher Vorgaben pressen lassen muss, hat die Chance, diesen Weg zu beschreiten. Ein Beispiel dafür hat Rudolf Steiner gegeben, dessen Konzeption im folgenden Kapitel näher betrachtet werden soll.

2 Waldorfpädagogik – konsequent salutogenetisch

Unter allen Reformbewegungen seiner und der folgenden Zeit verfocht Steiner die mit Abstand radikalste salutogenetische Zielsetzung, indem er von Anfang an die wichtigste Aufgabe der Pädagogik darin sah, den Kindern zu einer Gesundheit für das gesamte Leben zu verhelfen, und das nicht nur durch medizinisch begründete Präventionsmaßnahmen, sondern ganz besonders durch die Art des Unterrichtens, durch die entwicklungsgemäße Stoffauswahl, durch die Gesinnung der Lehrerinnen und Lehrer, durch deren Fähigkeit, die Wirkungen ihres Unterrichts an den leiblichen Symptomen des Kindes abzulesen, und schließlich auch durch ihr Interesse an der individuellen Entwicklung jedes einzelnen Kindes und durch ihr dahinterstehendes Menschenbild, dessen fortwährende Vertiefung Steiner forderte.
Radikal war auch seine Forderung, nicht länger an dem mehrgliedrigen selektiven Schulwesen festzuhalten, sondern einen Gesamtbildungsgang zu konzipieren, der von der frühen Kindheit bis zum Mündigkeitsalter reicht. (Der Kindergarten war von Anfang an mitgedacht, ließ sich aber 1919 noch nicht realisieren.) Was mit den Kindern zu tun sei, dürfe nicht vom Staat, von Interessen der Wirtschaft oder irgendwelchen Ideologien diktiert werden, sondern müsse konsequent „vom Kinde aus" gestaltet werden. Darin stimmte Steiner mit Pestalozzi und vielen Reformpädagogen seiner Zeit überein. Konkret aber bedeutete das für ihn, sich ausschließlich an den anthropologischen Gesetzmäßigkeiten der kindlichen Entwicklung zu orientieren und dabei den leiborientierten Blick auszuweiten auf die unsichtbaren Wesensglieder des Menschen (Lebens-, Seelen- und Ich-Organisation). Das Zusammenwirken dieser höheren Kräfte mit der Leiblichkeit sollte nach Steiners Überzeugung sowohl in der Medizin wie auch in der Pädagogik erforscht und sorgsam beobachtet werden, um in umfassender Weise gesundheitsfördernd wirken zu können.
Essenziell war ihm dabei die Feststellung, dass die Individualität des Menschen nicht ein Zufallsprodukt aus den speziellen Gegebenheiten

der Vererbung und des Milieus ist und mit dem Tode endet, sondern ein unsterbliches geistiges Wesen, das diese Gegebenheiten in seinem neuen Erdenleben als Schicksalsbedingungen vorfindet, sich mit ihnen auseinandersetzt und sie nach seinen Intentionen zu gestalten sucht. Die Individualität als der geistige Kern des Menschen ist laut Steiner niemals krank. Erkranken oder krank sein kann nur das Wesensgefüge, auf das sich die Individualität in ihrer Inkarnation stützt bzw. in das sie eingebettet ist. Für die Entwicklung dieser Bereiche braucht sie vielfältige Unterstützung, um sich die Quellen der gesundheitsschaffenden Kräfte für das weitere Leben erschließen zu können. Pädagogik muss in Steiners Sinne Hilfe zur Selbsthilfe sein, denn letztlich kann ein freies Wesen nur durch eigenes Ringen seine Kräfte steigern und sich weiterentwickeln.

Die Ausarbeitung der theoretischen Grundlagen seiner Pädagogik begann Steiner schon 1907 mit der kleinen Schrift „Die Erziehung des Kindes vom Gesichtspunkte der Geisteswissenschaft" (1907a). 1908 und 1909 folgten zwei Vorträge zu den Fragen von Gesundheit und Krankheit, in denen bereits dasselbe Grundprinzip gefordert wird, das Antonovsky sechs Jahrzehnte später in der Salutogenese-Forschung und besonders in seinem Konzept des Kohärenzgefühls zu entwickeln begann. Es ist deshalb berechtigt, Steiners pädagogischen Ansatz als „salutogenetisch" zu bezeichnen, auch wenn ihm dieser Terminus noch nicht zur Verfügung stand. In die Praxis überführte Steiner sein Konzept 1919 mit der Gründung der ersten Waldorfschule, deren Werdegang er bis zu seinem Tode 1925 intensiv betreute und begleitete. Heute gibt es Waldorfkindergärten und Waldorfschulen in aller Welt.

Salutogenese bei Steiner und Antonovsky

Steiner hat die Wissenschaft der Salutogenese in vielen Einzelheiten vorweggenommen. Bemerkenswert ist dabei die Haltung, die er gegenüber der allopathisch orientierten Medizin einnahm: Genauso wie Antonovsky sah er sich nicht als deren Gegner; im Gegenteil, er würdigte schon 1909 nachdrücklich ihre großen Verdienste:

> So kann die sogenannte Schulmedizin hinweisen darauf, wie sie [...] großartige Fortschritte gemacht hat gerade dadurch, dass sie darauf gesehen hat, wie die äußeren Krankheitserreger an die Menschen herankommen und sozusagen ihre Gesundheit vernichten. Diese Schulmedizin kann darauf hinweisen, wie sie besorgt war darum, die äußeren Lebensverhältnisse, die Zustände des Lebens so zu verbessern, dass in der Tat in der letzten Zeit ein Aufschwung eingetreten ist. Gerade diejenige Richtung der Medizin, die vorzugsweise auf die äußeren Krankheitserreger sieht – sagen wir auf die heute so gefürchtete Bakterien- und Bazillenwelt –, sie hat [...] ungeheuer viel getan für die Verbesserung der Gesundheitsverhältnisse (Steiner 1909 / 1984, 193 f.).

Ebenso würdigte Steiner aber auch das Berechtigte und Verdienstvolle der Homöopathie und der Naturheilkunde. Scharf verurteilte er hingegen bei allen drei Strömungen, „mit welcher Heftigkeit und mit welchem Dogmatismus von der einen oder anderen Seite oft gekämpft wird". Wiederholt beklagte er die Einseitigkeit, mit der von jeder Seite „diese oder jene Dogmen mit einer anspruchsvollen Autorität gepredigt werden". Aus solchen Machtansprüchen einseitig überspitzter Denkschulen könne man nur herausfinden, so äußerte er, wenn man das zum Maßstab mache, was im Mittelpunkt jeder medizinischen Bestrebung stehen sollte: die Individualität des Patienten mit ihren einzigartigen Besonderheiten. Die verbreitete Sentenz „Es gibt viele Krankheiten, aber nur eine einzige Gesundheit" sei ein großer Irrtum, ...

> denn es gibt nicht bloß eine Gesundheit, sondern so viele Gesundheiten, wie es Menschen gibt. [...] Wir müssen in unsere Gesinnung aufnehmen, dass der Mensch ein individuelles Wesen ist, dass jeder Mensch anders beschaffen ist als der andere, und dass das, was dem einen heilsam und für den anderen schädlich und krankmachend sein kann, ganz abhängt von seiner individuellen Beschaffenheit (1909 / 1984, 186 f.; ähnlich 1907b, 5.12.1907). Der Mensch ist so individuell, so als besonderes Wesen gestaltet, dass eigentlich im Grunde genommen jeder und auch schon jedes Kind seine eigene Gesundheit hat, eine ganz besonders modifizierte Gesundheit. Und man kann sagen: So viele Menschen es gibt, so viele Gesundheitsverhältnisse und Krankheitsverhältnisse gibt es (1921a, 28.12.1921).

Die gleiche Sichtweise ergibt sich auch aus der Salutogenese-Forschung: Sie weiß, dass die Entwicklung der Gesundheit sich allein schon durch die Fülle besonderer Lebensumstände und äußerer Bedingungen individuell modifiziert und darüber hinaus in einem nicht zu unterschätzenden Maße (man denke an Viktor Frankl) von den besonderen Fähigkeiten und Kräften der Persönlichkeit geprägt wird, sodass tatsächlich die Gesundheit jedes Menschen „abhängt von seiner individuellen Beschaffenheit".
Steiner und Antonovsky weiteten beide den wissenschaftlichen Blick von der engen Leibbezogenheit auf den ganzen Menschen aus. Für Steiner als übersinnlich Forschenden bedeutete diese Maxime allerdings noch sehr viel mehr, denn nach seinen Erkenntnissen umfasst die Gesamtheit des Menschen vier verschiedene Wesensglieder und folglich auch vier verschiedene Ebenen, die zu berücksichtigen sind:

> Der ganze Mensch ist für die Geisteswissenschaft nicht bloß der äußere physische Leib, namentlich dann nicht, wenn unsere Gesundheit nicht bloß durch äußere, sondern durch innere Ursachen zerstört ist. Was viel mehr in Betracht kommt, ist die Gesundheit des Ätherleibes, der ein Kämpfer ist gegen die Krankheiten, bis zum Tode, das ist die Gesundheit des Astralkörpers, der ja der Träger ist der Leidenschaften, Triebe, Begierden und Vorstellungen, und endlich die Gesundheit des Ich-Trägers, der macht, dass der Mensch ein selbstbewusstes Wesen ist. Wer auf den ganzen Menschen Rücksicht nehmen will, der muss durchaus auf die vier Glieder des Menschen Rücksicht nehmen, und wenn die Frage nach der Gesundheit in Betracht kommt, so handelt es sich nicht nur darum, dass wir Störungen beseitigen, die den physischen Leib betreffen, sondern auch das betrachten, was in den höheren Gliedern, in den mehr seelisch-geistigen Gliedern vor sich geht (Steiner 1909 / 1984, 204).

Der herkömmlichen Wissenschaft sind die drei übersinnlichen Wesensglieder, von denen Steiner spricht, mangels eigener Erfahrung fremd. Und doch kam Antonovsky durch seine Entdeckungen zu dem Schluss, dass der entscheidende Gesundheitsfaktor nicht im materiellen Bereich zu suchen ist, sondern in der seelisch-geistigen Verfassung des jeweiligen Menschen, in der Art und Weise, wie er die Welt anschaut, sie als kohärent erlebt und auf sie zugeht. Er charakterisierte diesen Faktor sogar mit dem deutschen Wort „Weltanschauung", vermutlich ohne Kenntnis von Steiners Äußerung, „dass von der Weltanschauung die Gesundheit des Menschen abhängt“, zu der Steiner 1909 hinzufügte: „Für die heutige Menschheit ist das ein Paradoxon, für die Zukunft wird es eine Selbstverständlichkeit sein!“ (Steiner 1909 / 1984, 209).

Das fehlende Bindeglied zwischen Seele und Leib

Die seit Antonovsky vorliegenden empirischen Befunde belegen, dass seelisch-geistige Vorgänge krankmachend oder gesundheitsfördernd auf den Körper einwirken können. Aber wie es sein kann, dass solche immateriellen Vorgänge im Körper materielle Wirkungen zeitigen, blieb der von Descartes geprägten Naturwissenschaft stets ein Rätsel. Steiner wies auf diese ungelöste Frage schon 1909 hin und führte sie später in zahlreichen Vorträgen zur Pädagogik und Medizin genauer aus. Sein Forschungsergebnis sei hier kurz zusammengefasst.

Der Ansatzpunkt ergibt sich aus einer elementaren Erkenntnis der Geisteswissenschaft (Anthroposophie): Der Körper eines Lebewesens – darin hat die materialistische Auffassung recht – ist eine in bestimmter Weise gestaltete Ansammlung irdischer Stoffe. Die Prozesse aber, die den Körper aufbauen und bis zum Tode lebensfähig halten, entstammen nicht diesen Stoffen, sondern einer höheren Wirklichkeit, nämlich einem unsichtbaren, nur übersinnlich wahrzunehmenden Kraftgebilde, das den sinnlich wahrnehmbaren Körper wie ein zweiter „Leib“ vollständig durchdringt. Dieses immaterielle Kraftgebilde, das in die materielle Körperlichkeit hineinwirkt, bezeichnet Steiner als Ätherleib (öfter auch „Bildekräfteleib“).

Dabei ist etwas Wichtiges zu beachten: In den frühesten Phasen der Kindesentwicklung ist die Tätigkeit des Ätherleibes vollständig darauf ausgerichtet, das leibliche Wachstum des Körpers mit den entsprechenden Stoffwechselprozessen voranzutreiben sowie das Gehirn und die inneren Organe auszugestalten. Sobald aber einzelne Körperpartien ihre gültige Gestalt erhalten haben, endet dort die Aufbauarbeit der Ätherkräfte; sie müssen nur noch für die Erhaltung des Geschaffenen sorgen und werden im Übrigen frei für eine neue Aufgabe: Sie sind ab da empfänglich für die Impulse des nächsthöheren Wesensgliedes, der seelischen Organisation (Astralleib), die ihrerseits mit der Ich-Organisation in Verbindung steht. Alles, was in dem seelisch-geistigen Bereich an Gefühlen, Eindrücken, Gedanken und Vorstellungen lebt, nehmen diese frei gewordenen Ätherkräfte in sich auf. Sie erweisen sich als das Missing Link, das Bindeglied zwischen Körper und Seele, nach dem die reduktionistische Wissenschaft vergebens suchte. Die Brücke wird nach Steiner folgendermaßen geschlagen: Solange das, was im seelisch-geistigen Bereich erlebt und getan wird, noch im Bewusstsein anwesend ist, kann es nicht auf den Leib wirken. Erst wenn die Tageseindrücke mit dem Einschlafen in die Unbewusstheit versinken und sozusagen vergessen werden, beginnen die freien Ätherkräfte ihre Tätigkeit, indem sie die seelisch-geistigen Erfahrungen wie eine Nahrung in den Leib einarbeiten und dadurch gewissermaßen verdauen. Dieser Vorgang führt im Körper zwar nicht zu schlagartigen Veränderungen; doch wenn sich bestimmte Eindrücke und Erfahrungen, Vorstellungen und Gefühle oft wiederholen, gehen sie allmählich in den Leib über. Ob sie dort gesundend oder krankmachend wirken, hängt von der Qualität der aufgenommenen „Nahrung" ab, und die ist besonders für die noch bildbare Leiblichkeit des Kindes von größter Bedeutung. Erziehung und Unterricht werden folglich mit ihrer jeweiligen Beschaffenheit gesundheitsrelevant für das spätere Leben des Erwachsenen.

> Nun haben wir also durch die Erziehungseindrücke, durch die geistige Entwickelung des Menschen seinem freien Äthergliede allerlei eingefügt, und wir können uns nun fragen: Bleibt nun dieses freie Ätherglied ganz ohne Bedeutung für Wachstum und Entwickelung des Menschen? Nein, das ist nicht der Fall. Es beteiligt sich nach und nach, je älter der Mensch wird – nicht so sehr in den Jugendjahren –, dasjenige, was so seinem Ätherleib einverleibt worden ist, an dem ganzen Leben des menschlichen Leibes, auch innerlich. [..] Dieses freie Glied des Ätherleibes, das energisch geworden ist durch mannigfaltige Eindrücke, das macht sich eben hier geltend, das beteiligt sich durch seine innerliche Beweglichkeit am Heilungsprozess. In zahlreichen Fällen verdanken die Menschen ihre schnelle Gesundung oder ihre schmerzlose Gesundung dem Umstande,

> dass sie in reger geistiger Beteiligung in der Jugend fleißig die Eindrücke, die sich ihnen darboten, aufgenommen haben. Da sehen Sie die Einflüsse des Geistes auf den Leib! (Steiner 1908, 2.11.1908).

Steiner bot damit aus seiner übersinnlichen Forschung eine Erklärung an, die zwar mit äußeren Mitteln nicht ohne weiteres verifizierbar ist, in ihren Schlussfolgerungen aber vollkommen mit den aus der Salutogenese-Forschung bekannten Phänomenen übereinstimmt. Gesundheit kommt von innen! Diesen Grundsatz wollte Steiner in der Praxis angewandt wissen. Für die Genesung eines schwerkranken Patienten beispielsweise erschienen ihm die üblichen Gesundheitskuren weniger wichtig als die Frage, „ob ich ihn in eine solche Umgebung bringen kann, dass er Freude, Erhebung, in gewisser Beziehung eine Durchleuchtung seines ganzen Gefühlslebens nach einer bestimmten Richtung erfahren kann“ (Steiner 1909, 14.1.1909).

Steiners „oberste Erziehungsmaxime“: Freie Entfaltung der Individualität

Den möglicherweise entstehenden Eindruck, anthroposophisch orientierte Pädagogik kümmere sich mehr um das Geistige und Seelische als um das Physisch-Leibliche des Menschen, wies Steiner entschieden zurück. Die Waldorfpädagogik sei im Gegenteil eine „auf das Leiblich-Physische hin orientierte Erziehungs- und Unterrichtskunst“ (1921a, 3.1.1922).

> Gerade bei ihr kommt, weil sie den ganzen Menschen ins Auge fasst, das Physisch-Leibliche in einem ausgesprochenen Maße zur Geltung. Ja, man könnte sogar sagen, es wird die erzieherische und unterrichtliche Behandlung des Geistigen und Seelischen so eingerichtet, dass dasjenige, was der Erzieher heranbildet am Kinde, in der denkbar besten Weise auch auf die physische Gesundheit wirkt (1923b, 19.11.1923).
>
> Man lernt unterrichten, indem man Geist und Seele in dem Kinde erweckt, man lernt unterrichten so, dass der Unterricht zu gleicher Zeit gesundheitfördernd, wachstumfördernd, gesunde Kraft befördernd für das ganze Leben ist (1923c, 25.03.1923).

Das gemeinsame Ziel aller Mitwirkenden in der Waldorfschule müsse es sein, so postulierte er,

> in der freiesten Weise das Physisch-Leibliche des Menschen zu entwickeln und dem Geistig-Seelischen gewissermaßen die Möglichkeit zu bieten, sich aus sich selbst heraus zu entfalten [...]. Da das Leibliche ein Ausdruck, eine Offenbarung des Geistig-Seelischen werden muss, so muss eben auf die Handhabung des Geistig-Seelischen so hingeschaut werden, wie es der gesunden Entwickelung des menschlichen Wesens entspricht (1921a, 3.1.1922).

Nur so könne man den jungen Menschen „stark hereinstellen in die Welt“ (1921a, 27.12.1921).

Wie oben berichtet, wurde 60 Jahre nach der Begründung der Waldorfschule von der bundesdeutschen Bildungspolitik die „Gesundheitserziehung in der Schule“ als ein verbindliches Ziel ausgerufen, mit dem die von der WHO geforderte „Gesundheit für alle Menschen“ verwirklicht werden sollte. Im Rückblick zeigt sich, dass Steiner diese neue Zielsetzung nicht nur vorausgenommen hat, sondern sogar noch über sie hinausging, indem er sie in der Waldorfpädagogik mit einer „obersten Erziehungsmaxime“ verknüpfte, welche die pädagogische Gesinnung bestimmen soll: „Sie entspringt nämlich dem absoluten Hingegebensein an die menschliche Freiheit, an menschliches Freisein. Sie entspringt dem Ideal, den Menschen so in die Welt hineinzustellen, dass er seine individuelle Freiheit entfalten kann, dass er an der Entfaltung dieser individuellen Freiheit in seinem Leibe kein Hindernis hat“ (1921a, 3.1.1922).[1]

Mit anderen Worten: Das Ich des Menschen, seine Individualität, soll nicht nur die volle Herrschaft über die Leiblichkeit erlangen, sondern sie auch seelisch und geistig so durchdringen und verwandeln können, dass sie ohne Einschränkungen zum lebenslangen Instrument wird

1 Zdražil unterstrich 2000 die Einzigartigkeit dieses Ansatzes: „Es ist ein sehr ungewöhnlicher Ansatz, dass die Gesundheit als Aufgabe der Schule formuliert wird. Unter den Aufgaben und Funktionen der Schule kommt in erziehungswissenschaftlichen Untersuchungen die Gesundheit als bestimmender Faktor nicht vor. In der Waldorfpädagogik ist sie ein Ziel, denn sie ist eine Voraussetzung zur Verwirklichung der menschlichen Freiheit“ (ebd., 140).

für die aus dem vorgeburtlichen Dasein mitgebrachten individuellen Impulse und Lebensziele. So gesehen schafft gesundheitsfördernde Pädagogik die notwendige Freiheit für das Wirken der Individualität.

Pädagogik verlangt einen diagnostischen Blick

Um diesem Ziel näherzukommen, verlangte Steiner von den Pädagogen ein Agieren auf zwei Ebenen gleichzeitig – eine Verhaltensweise, die in der Pädagogik bis dahin unbekannt war: Während ihrer Arbeit sollten Pädagogen nicht nur den zu vermittelnden Stoff im Bewusstsein haben, sondern stets auch an den Kindern deren „feinere Neigungen zur Gesundung und zur Erkrankung" gewissenhaft beobachten und durch die Gestaltung des Unterrichts, durch bestimmte Nuancen und Gewichtungen ihres Vorgehens stets auf einen heilsamen Ausgleich bedacht sein. Daraus ergebe sich die unbedingte Notwendigkeit,

> eine Vorstellung zu gewinnen, wie die menschlichen Neigungen zum Gesunden und zum Kranken zu behandeln sind. Die groben Krankheitsfälle werden natürlich dem Arzt überlassen bleiben, aber man hat es in der Erziehung fortwährend mit einem Ausleben der feineren Neigungen zur Gesundung und zur Erkrankung zu tun. Die müssen durchaus dem Bewusstsein des Lehrenden, des Erziehenden immer gegenwärtig, immer zugänglich sein. Immer muss der Lehrende, der Erziehende wissen, wie die menschliche Natur durch ihre Totalität dahin neigt, durch dies zur Gesundheit zu kommen, durch jenes zum Erkranken (1921a, 27.12.1921).

Den Einwand, dann müssten ja alle Pädagogen Ärzte sein, ließ Steiner nicht gelten: „Das brauchen sie nicht; aber sie müssten schon von der physisch kranken oder gesunden Konstitution des Kindes bis zu dem Grade etwas wissen, wie es für den Lehrer zum Erziehen notwendig ist" (1924b, 21.7.1924). Ärzten gegenüber charakterisierte Steiner diese pädagogische Bemühung als ein „leises Heilen" (1924a, 25.4.1924). Im Übrigen verwies er darauf, dass zum Konzept der Waldorfschule auch ein Schularzt gehöre, der als Lehrer und Arzt fest in das Kollegium eingebunden sei. Pädagogik und Medizin – so sein Credo – sollten Hand in Hand arbeiten. Als Grundlage dafür empfahl er das Studium der anthroposophischen Menschenkunde.

Bewusstsein durch Abbauprozesse – eine wegweisende Entdeckung

In jahrzehntelanger Forschung arbeitete Steiner heraus, dass im menschlichen Organismus drei eigenständige Bereiche oder besser gesagt Kraftfelder mit jeweils eigenen Aufgaben und Gesetzmäßigkeiten zu finden sind: das Nerven-Sinnes-System, das rhythmische System und das Stoffwechsel-Gliedmaßen-System (siehe Kapitel 4). Diese Dreiheit war für ihn kein gedankliches Konstrukt, sondern das Ergebnis von Beobachtungen, wie sich seelische und geistige Vorgänge auf bestimmte leibliche Grundlagen stützen – nicht im Sinne einer Kausalität, sondern einer Verknüpfung zwischen materiellen und nichtmateriellen Realitäten, die sich wechselseitig bedingen. Steiner widersprach damit der damaligen Wissenschaft, die mit Descartes davon ausging, dass psychische und mentale Vorgänge nichts anderes seien als Resultate von Nervenprozessen. Die moderne Embodiment-Forschung[2] jedoch wie auch die Studien des Physiologen Johannes Rohen (Rohen 2000) unterstützen Steiners These von der Wechselwirkung zwischen autonomen Organbereichen.

Steiner fügte dem eine wichtige Entdeckung hinzu: Bewusstseinsprozesse brauchen als leibliche Basis eine Substanz, die ständig im Abbau begriffen ist. Radikal bietet das nur das Nervensystem im Gehirn, dem bekanntlich ohne Blutzufuhr sofort der Verfall droht. Steiners übersinnliche Beobachtung ergab: Indem das Leben dort immerfort dabei ist, sich aus dem physischen Organ zurückzuziehen, werden Kräfte frei für ein geistiges Geschehen. Das bedeutet, wie er drastisch hervorhob, dass „das Bewusstsein, das im Vorstellungsleben erfahren wird, zusammenhängt mit dem Tode. Indem wir vorstellen, ersterben wir fortwährend in das Nervensystem hinein.“[3] „Würde dasselbe vorgehen im ganzen Organismus, was in den Nerven vorgeht, so würde dies den

2 Eine Einführung in diese Wissenschaft geben z.B. Bauer 2005 und Rizzolatti / Sinigaglia 2008.

3 Steiner 1917b. GA 72, Vortrag 23.11.1917. Ähnlich 1917c, GA 178, Vortrag 25.11.1917.

Tod des Menschen in jedem Augenblick bedeuten. Man kann sagen: Vorstellungen entstehen da, wo der Organismus sich selber abbaut."[4] Diesen Sachverhalt bekanntzumachen war ihm außerordentlich wichtig, weil er für eine gesundheitsschaffende Pädagogik von großer Bedeutung ist. Aus ihm ergibt sich auch der Grund für Steiners Kritik an der herkömmlichen Pädagogik, die Kindern schon früh intellektuelle Leistungen abverlangt und damit die Abbauprozesse verstärkt – mit fataler Wirkung: Man glaubt, die Kinder optimal auf ihre Zukunft vorzubereiten, und sorgt in Wirklichkeit für gravierende Krankheitsneigungen im späteren Leben:

> Dann kommen diejenigen Kräfte des Organismus in Betracht, die den Menschen innerlich verfestigen, diejenigen Kräfte, die im Inneren des Organismus namentlich die salzablagernden Kräfte sind, die kalkablagernden Kräfte, die knochenbildenden Kräfte, die sehnenbildenden Kräfte, die knorpelbildenden Kräfte, alles dasjenige, was den Menschen fest macht. Das ist dasjenige, was durch das Denken, durch das zwangsmäßige Denken im Organismus entwickelt wird. Und der Mensch ist innerlich an seiner Verfestigung tätig, wenn er wacht. So dass wir dem Wachleben eine zu starke innere Verfestigung zumuten, wenn wir das Wachleben zu stark intellektualistisch anstreben (Steiner 1923d, 11.8.1923).

Das rhythmische System als zentraler Ansatzpunkt für Salutogenese

Außer auf solche problematischen Langzeitwirkungen lenkte Steiner den Blick auch auf akute Krankheitsneigungen, die sich schon in der Kindheit im Spannungsfeld zwischen dem Nerven-Sinnes- und dem Stoffwechsel-Bereich entwickeln. Wie nämlich auf der einen Seite die Tendenz zur Verhärtung zu stark werden kann, so auf der anderen die Tendenz zur Auflösung, die sich beispielsweise in Entzündungen, Fieber oder übersteigerten Immunreaktionen manifestiert.[5] Immer bedarf

---

4 Steiner 1917a. GA 179, Vortrag 17.9.1917.

5 Nähere Angaben dazu bei Marti 2006, 198. Zusätzlich müssen die Wechselwirkungen zwischen den vier Wesensgliedern in den Fokus genommen werden,

es des Ausgleichs, um die Gegensätze in der Balance zu halten, und dazu leistet das rhythmische System mit seinen Herz- und Atem-Prozessen den entscheidenden Beitrag. Dieses System, so Steiner, ist „das Gesündeste im Menschen". Nur durch äußere Einwirkungen könne es krank werden.[6] Die jederzeit zum Ungleichgewicht neigenden zwei anderen Systeme könnten es allenfalls sekundär in Mitleidenschaft ziehen. Zentral für jegliche Gesundheitsförderung sei daher der Ansatz, das rhythmische System so zu stärken, dass es harmonisierend auf die anderen Funktionsbereiche ausstrahlen kann.

Was Steiner hier auf der physiologischen Ebene darstellt, trifft sich mit dem, was später von Antonovsky auf der psychischen Ebene unter dem Terminus Sense of Coherence in den Mittelpunkt der Gesundheitsförderung gestellt wurde: Im rhythmischen Geschehen zwischen Herz und Atem hat das Gefühlsleben seinen Anker, und damit auch die frühzeitig im Kind anzulegende Kohärenzerfahrung, die sich ja nicht in abstrakten Gedanken niederschlägt, sondern in tief empfundenen Gewissheiten und Überzeugungen, in dem sicheren Gefühl, mit der Welt in Verbindung zu sein, in ihr handeln zu können und Sinn zu finden. Um dieses Element, das Stabilität und Gesundheit verleiht, auch in der Schule zu stärken, forderte Steiner, jeglichen Unterricht vor der Pubertätszeit so einzurichten, dass er die Kinder von der seelischen Seite her anspricht, sie innerlich mit Leben erfüllt und die Abbaukräfte in Schach hält, bis deren Zeit reif ist. Im Übrigen hängt davon auch der Lernerfolg ab, wie die moderne Hirnforschung herausgefunden hat. Manfred Spitzer z.B. konstatierte, dass Lernen stets „mit positiven Emotionen arbeiten sollte" und Schulkinder nur dann freudig lernen, wenn sie ihren Lehrer lieben und dieser seine Arbeit mit Freude tut (Spitzer 2002, 172, 412). Und Gerald Hüther verkündete: „Nur mit Begeisterung lernen wir wirklich gut." Schule müsse „begeistern statt entgeistern".[7]

---

sodass sich ein komplexes Beziehungsgeflecht ergibt, wie es Steiner exemplarisch in GA 218, Vortrag 22.10.1922, demonstriert. Zahlreiche Äußerungen Steiners, wie solche Details in den verschiedenen Unterrichtsfächern zu berücksichtigen sind, hat Zdražil 2006 zusammengestellt.

6 Steiner 1923a. GA 306, Vortrag 17.4.1923.

7 Online mehrfach unter Stichwort „Hüther entgeistern", z.B. 1.5.2014.

Steiner begründete seine Forderung vor allem anthropologisch: Die sensomotorische Ausbildung des Nerven-Sinnes-Systems dominiert das erste Jahrsiebt. Erst im zweiten Jahrsiebt kann das rhythmische System mit seinen Organen für Atem und Blutkreislauf anatomisch ausreifen, und damit es für ein ganzes Leben gestärkt wird, ist es wichtig, in dieser Zeit dem Kind reiche seelische „Nahrung" zukommen zu lassen. Was aber belebt und ernährt die Seele mehr als alles Künstlerische, alles Ästhetische? Steiner wollte in der Grundschule nicht das kognitive Lernen ausschließen, sondern Schreiben, Lesen, Rechnen und zwei Fremdsprachen sollten so unterrichtet werden, dass man nicht abstrakt doziert, sondern mit künstlerischen Mitteln das rhythmische System des Kindes aktiviert, das organisch in Verbindung steht mit dem Kopfpol und dem Bewegungspol, sodass immer der gesamte Mensch mit Kopf, Herz und Hand angesprochen wird.

> Es wirkt dasjenige, was in künstlerischen Formen und in künstlerischer Betätigung an den Menschen herantritt. Man bedenke, wie mit dem rhythmischen System alles Musikalische verbunden ist. Musik lebt als Rhythmus, der sich im rhythmischen System des Menschen selber fortsetzt. [...] Und wie mit dem Musikalischen, ist es denn auch auf eine feinere, intimere Weise mit der Plastik und mit dem Malerischen. Auch die Farbenharmonien, die Farbenmelodien werden nachgelebt im Inneren des Menschen als innere Vorgänge des rhythmischen Organsystems (Steiner 1922b, 19.8.1922).

3 Sprache und Gesundheit – Altes Wissen neu entdeckt

Der von Samuel Morse 1837 erfundene Schreibtelegraph codierte Buchstaben und Zeichen in Form elektrischer Impulse, die er durch Drähte zu einem fernen Empfänger schickte, der sie decodiert lesen konnte. Einige Jahrzehnte später ließ sich auf demselben Wege sogar die gesprochene Sprache in Form elektrischer Schwingungen in alle Welt schicken. Damit begann das Medienzeitalter, und dessen Faszination bewirkte, dass man das technische Prinzip unreflektiert auf die Sprache übertrug, indem man die geformten Sprachlaute als „codierte Schallwellen" bezeichnete, die der Hörer decodiert. Ein mechanistisches Bild von Sprache entstand, das sich in den grassierenden Materialismus des Zeitalters einfügte. Der Sprache verborgene Wirkungen auf Seele und Leib zuzuschreiben, galt als mystische Spekulation.

Das änderte sich erst im ausgehenden 20. Jahrhundert, als der modernen Hirnforschung computergestützte bildgebende Verfahren wie das MRT (Magnetresonanztomographie) zur Verfügung standen, mit denen man die Aktivität einzelner Hirnareale während bestimmter körperlicher, seelischer oder geistiger Tätigkeiten von außen beobachten kann. Mit ihnen gelangte die Kognitionsforschung zu der revolutionären Feststellung, dass unsere Sinneswahrnehmung in enger Verbindung zu unbewussten Körperbewegungen steht, ja sogar von ihnen abhängt. Als „neurobiologische Sensation" wurden die von Rizzolatti 1996 entdeckten Spiegelneurone gefeiert, die dem motorischen (!) Cortex vorgelagert sind und auf jeden sinnlichen Eindruck mit einer aktiven Bewegungsresonanz antworten (Rizzolatti / Sinigaglia 2008).

Im Fortgang der Embodiment-Forschung stellte sich heraus, dass dies auch für die Wahrnehmung von Sprache gilt: Wurden Probanden beispielsweise mit Wörtern wie „gehen" oder „stolpern" konfrontiert, sei es akustisch oder graphisch, dann aktivierte das sofort die motorische Antwort der Spiegelneuronen, so als würden die Probanden andeutungsweise tatsächlich gehen oder stolpern. Selbst wenn sie sich den

Vorgang nur bildhaft vorstellten, trat der Effekt ein.[8] Ein Meilenstein war erreicht. Es reifte die Erkenntnis, dass die Sprache mehr ist als ein äußerliches Ereignis der Informationsvermittlung; sie findet in einer komplexen, noch kaum durchschauten Interaktion mit körperlichen und seelischen Prozessen statt. Ihre tief in den Menschen eingreifende Wirkung war freilich schon der ältesten Menschheit bekannt (siehe Kapitel 5), trat aber jetzt erst in das Bewusstsein der Gegenwart, weil sie mit modernster Technik gewissermaßen materiell greifbar wurde. Der Umschwung hatte zur Folge, dass sich traditionelle, teilweise noch spirituell geprägte Sprachtherapien in ihrem Anliegen bestätigt sahen und neuen Auftrieb erhielten. Auch im medizinisch-therapeutischen Bereich erwachte das Interesse für die sprachimmanenten Kräfte. Andere Kreise sahen in ihnen ein willkommenes Mittel zur Effizienzsteigerung sozialer und didaktischer Prozesse oder priesen sie sogar geschäftstüchtig zur „Optimierung der eigenen Persönlichkeit" an – Bestrebungen, die ähnlich schon im Altertum bei den Rhetoren und Sophisten zu beobachten waren. Ein ganzer Fächer unterschiedlicher Anwendungsgebiete hat sich daraus ergeben, zu denen die folgenden Abschnitte einige Schlaglichter bieten.

Die gesundheitsstärkende Macht des Singens

Wenn es um die Wirkung der Sprache auf die Gesundheit geht, muss vorweg daran erinnert werden, dass seit uralten Zeiten bis zum Ende des Mittelalters poetische, epische und sakrale Texte nie prosaisch gesprochen, sondern stets gesungen wurden. Man kannte und spürte damals noch die Wirkung rhythmisch-musikalischer Strukturen, die eine gesungene Sprache auf die seelisch hochsensiblen Herz-Atem-Prozesse und Organtätigkeiten des Körpers ausübt, wobei sie diese gesundheitsfördernd harmonisiert. Ausgerüstet mit den Erkenntnissen heutiger Chronobiologie, Psychoneuroimmunologie und der Herzrhythmusforschung sind moderne Forscher diesen Zusammenhängen nachgegangen und haben deren heilsame Kraft bis in physiologische

8 Nähere Angaben dazu in: Patzlaff 2017, Kapitel 6.

Prozesse hinein bestätigt gefunden. Wolfgang Bossinger berichtet z.B., dass das Immunglobulin A (ein krankheitsbekämpfendes Protein) bei den Sängern während einer Chorprobe um 150 Prozent stieg und bei der Aufführung bis zu 240 Prozent (Bossinger 2006, 156 f.). Begeistertes gemeinsames Singen stärkt also u.a. das Immunsystem und hat mit Recht von der frühesten Kindheit bis ins Erwachsenenalter einen hohen Stellenwert.[9]

Erstaunliche Wirkungen des frühen Sprechens mit dem Kind

Forscher der Universität Glasgow beobachteten die Eltern-Kind-Interaktion mit 180 Videos an 60 einjährigen Kindern und stellten sechs Jahre später den Entwicklungsstand und die psychische Stabilität dieser Kinder fest, indem sie prüften, ob sich eine Verhaltensstörung, ADHS, eine tiefgreifende Entwicklungsstörung oder eine emotionale Störung eingestellt hatte (Allely 2013). Dabei stellte sich heraus: Je geringer die Zuwendung der Mutter über Sprache und Laute zu ihrem einjährigen Kind war, desto größer war die Wahrscheinlichkeit von psychischen und Verhaltensstörungen im Alter von sieben Jahren. Sie zogen 2013 daraus den Schluss: Die Intensität und Qualität der frühen „Sprechverbindung" zwischen Kleinkind und Mutter ist von großer Bedeutung nicht nur für die gesamte sprachliche Entwicklung, sondern auch für die psychische Gesundheit der Kinder und ihre soziale Kompetenz im Schulkind-Alter.

Eine US-Metastudie der New York University untersuchte mit den Daten von fast 20.000 Kindern die Frage, ob und wie sich die Intelligenz von Kleinkindern fördern lässt. Sie kam zu dem Resultat: Eine Intensivförderung bereits im Krippenalter hat keine langfristig positive Wirkung. Sehr wirksam dagegen scheint das Sprechen und Vorlesen mit den Allerkleinsten zu sein. Allein schon regelmäßiges Vorlesen erhöhte in den untersuchten Gruppen den Intelligenzquotienten der Kinder im späteren Schulalter um ganze sechs Punkte (Protzko 2013).

9 Neuere Forschungen, auch allgemein zur Musik, in: Schubert 2015, 285-300.

Achtsame Sprache fördert die Gesundheit

Andere Forscher richteten ihren Blick auf einzelne Elemente und Formulierungen der Sprache. Der Erziehungswissenschaftler Jens Fleischhut zum Beispiel warf die Frage auf: Lässt sich das unbewusste Aktivieren von Gefühlen durch Sprachmuster zur Entwicklungs- und Lernförderung von Schülerinnen und Schülern nutzen? (Fleischhut 2010). Sein Befund lautete: Manche Sprachmuster hemmen die Entwicklung, stören das Lernen und können sogar die Gesundheit beeinträchtigen. Der häufige Gebrauch von „Müssen“ und „Sollen“ z.B. steigere den Blutdruck, lasse die Muskeln verkrampfen und die Blutfettwerte steigen. „Dürfen“ und „Wollen“ hingegen senkten den Blutdruck, die Muskulatur entspanne sich und das Denken falle leichter. Das Vermeiden negativer Formulierungen könne somit das Lernen erleichtern, habe aber auch für den Sprecher selbst eine positive Wirkung.
Solche und ähnliche Forschungsergebnisse nahm Christine Jahn zum Anlass, um 2017 in der Praxis der Krankenpflege, der Altenhilfe und der Behinderten-Einrichtungen auf die Wirkung der Wörter aufmerksam zu machen, die das Pflegepersonal häufig verwendet. Negativ besetzte Wörter wie ‚Stress‘ oder ‚Konflikt‘ würden von den Hörern „mit unangenehmen Bildern und Gefühlen in Verbindung gebracht, die Unmut, Unzufriedenheit und Belastungen schaffen oder erhöhen könnten. Positive Wörter wie ‚Aufmerksamkeit‘ oder ‚Heilung‘ hingegen setzten wohltuende und stärkende Impulse“ (Jahn 2017, 34).
Mechthild R. von Scheurl-Defersdorf (Institut Lingva Eterna) beobachtete bei Alltagsgesprächen, wie sich die Vorliebe für stereotype Floskeln in der körperlichen Verfassung niederschlägt: „Körperliche Leiden finden vielfach ihre Entsprechungen auf der sprachlichen Ebene“, konstatierte sie, denn der übliche Sprachgebrauch sei voll von Äußerungen wie z.B. „Ich hab´ die Nase voll“, „Ich gehe auf dem Zahnfleisch“, „Ich kriege die Krise“, „Mich trifft der Schlag“, die bei häufigem Gebrauch krankmachend seien (Scheurl-Defersdorf 2011, 196 f.).
Der von ihr 2016 edierte Sammelband „Jedes Wort wirkt! Bewusste Sprache in der Pädagogik“ lud die Lehrkräfte und Pädagogen aller

Fachrichtungen ein, die Wirkung der eigenen Sprache wahrzunehmen und gesundend zu wirken durch eine achtsame Wortwahl, vollständige Sätze und einen klaren Satzbau; denn das habe eine Auswirkung auf die eigene Gesundheit wie auch auf die Gesundheit der Schülerinnen und Schüler. Sie sah darin einen wichtigen Aspekt der Gesundheitserziehung (Scheurl-Defersdorf 2016, 91).

2012 erschien im gleichen Verlag das Buch „Meine Sprache und ich. Mit Sprachstruktur Persönlichkeit entwickeln" von Theodor von Stockert. Es schließt mit den Worten: „Es liegt an jedem selbst, eine Sprache zu entwickeln und zu pflegen, mit der er seine eigene Gesundheit und sein Wohlbefinden stärkt. Jedes Wort wirkt – darin liegt eine großartige Chance!" (ebd., 262). Hier wendet sich das Interesse statt auf die Gesprächspartner auf das eigene Wohlbefinden. Dagegen ist nichts einzuwenden. Festzustellen ist aber, dass es mittlerweile weltweit eine unüberschaubare Fülle von Angeboten für Kommunikationstraining gibt, die mit „Wohlbefinden" eher den „Wohlstand" meinen, den der Anwender ihres Konzepts beruflich, geschäftlich oder politisch erreichen könne.

Wenn Sprache dem eigenen Ego dient, liegt die Gefahr nahe, dass auch manipulative oder suggestive Möglichkeiten eingesetzt werden. Insofern kann das Trainieren des „Bewussten Sprechens" zu einem zweischneidigen Schwert werden. Entscheidend ist das Motiv des Sprechers. In Kapitel 7 werde ich darlegen, dass junge Menschen heute ein scharfes Gehör für die Intention und Wahrhaftigkeit hinter dem gesprochenen Wort haben.

Empathische Kommunikation – „eine medizinische Notwendigkeit"

Aus der Fülle der Psychotherapien, die sich von 1950 bis 1990 international entwickelt hatten, wählten Fritz Pasierbsky und Ingeborg Singendonk 1992 in ihrem Buch „Heilende Sprache" sieben ganzheitliche Verfahren aus, um an ihnen das Spektrum therapeutischer Wirkungen von Sprache zu beleuchten. Anknüpfend an das Erfahrungswissen des Altertums sahen sie die Aufgabe des Heilens in der Wiederherstellung der inneren Ordnung des menschlichen Wesensgefüges (ebd., 94). Hilfreich sei dabei, dass geistig-seelisch-körperliche Dysfunktionen sich diagnostisch auch in einer eingeschränkten Ausdrucks- und Kommunikationsfähigkeit manifestieren. Sie forderten deshalb, „dass der therapeutische Prozess die Arbeit an der Sprache mit einschließen muss“ (ebd., 371).

2007 publizierte Maximilian Gottschlich ein flammendes Plädoyer für „die heilsame Kraft empathischer Kommunikation“. Sie sei die Basis für Gesundheit. „Es ist nicht primär das Wort, in dem sich Mitgefühl ausdrückt, sondern die personale Präsenz und emotionale Aufmerksamkeit hinter dem Wort. [...] Noch vor allem Reden ist die mitfühlende Beziehung, sie geht dem Reden voraus“ (Gottschlich 2007, 156). Gestützt auf Ergebnisse vor allem der Psychoneuroimmunologie (PNI) stellte er fest, dass mitfühlende Kommunikation unmittelbar physiologische Prozesse beeinflusst: „Empathische Beziehungen sind die effektivsten psychosozialen Maßnahmen, um nicht nur krankheitsbedingte Angst, Depressionen und Schmerzen zu verringern, sondern um sogar den Verlauf selbst schwerer Erkrankungen positiv zu beeinflussen“ (181 ff.). Kommunikation sei deshalb „nicht nur eine moralische Verpflichtung, sondern eine medizinische Notwendigkeit“. Daran anknüpfend propagierte Sandra Mantz den Aufbau und die Pflege einer wertschätzenden Sprachkultur im Gesundheitswesen. Der Untertitel ihres Buches lautet „Mit heilsamen Worten pflegen“ (Mantz 2016).

Worte: Das mächtigste Placebo von allen

Bernard Lown (1921-2021), ein Kardiologe von Weltrang, kritisierte 1996 in seinem Buch „The Lost Art of Healing“ den Verlust der eigentlichen Heilkunst in der heutigen Medizin und forderte eine Rückbesinnung auf die Macht des Wortes, die zu Unrecht als Placebo verächtlich gemacht werde (Lown 1996, dt. 2004). Aus der Fülle seiner Praxisberichte hier ein Beispiel:

> Eine britische Studie unterstreicht den therapeutischen Wert ermutigender Worte. Zweihundert Patienten mit unspezifischen körperlichen Klagen und ohne erkennbare Krankheit wurden in zwei gleichartige Gruppen eingeteilt. Der einen Gruppe wurde gesagt, dass keine ernste Erkrankung entdeckt werden konnte und dass die Patienten sich in zwei Wochen wahrscheinlich wieder besser fühlen würden. Und in der Tat: Zwei Wochen später waren 64 % dieser Patienten wieder hergestellt. Den Patienten der zweiten Gruppe wurde lediglich mitgeteilt, dass der Arzt nicht wisse, was mit ihnen los sei. Zwei Wochen später waren nur 39 % dieser Patienten wieder gesund (ebd., 45).

Worte seien „das mächtigste Placebo von allen" und „Worte sind das mächtigste Hilfsmittel, das ein Arzt besitzt. [...] Ich kenne nur wenige Heilmittel, die wirksamer sind als ein sorgfältig gewähltes Wort" (Lown 2014, 158 ff.). Er kannte aber auch die Macht des Wortes als „Nocebo": Als junger Arzt erlebte er, wie die lieblose Äußerung eines routinierten Arztes bei einem schwerkranken Patienten auf der Stelle zum Herzstillstand führte und trotz Reanimation nach wenigen Stunden zum Tod. Ähnlich auch in einem zweiten Falle (Lown 2014, 163; 2004, 45).[10]

Weniger dramatisch, doch ebenso durchschlagend wirkt offenbar ein abschätziges Wort des Arztes, wenn es um Heilmittel geht: 2017 stellte Winfried Rief fest, dass die Art und Weise, wie der Arzt dem Patienten ein Medikament oder eine Maßnahme erläutert, die Wirkung erheblich beeinflusst: „Ist der Arzt in der Interaktion mit dem Patienten kurz angebunden, kann die Wirkung medizinischer Maßnahmen auf weniger als die Hälfte zurückfallen. [...] Selbst die schmerzlösende Wirkung hochpotenter Opioide kann komplett ausgeschaltet werden, wenn die Ärzte eine ungünstige Instruktion geben." Daraus folgte: „Die pessimistische Einstellung des Arztes zu einem Medikament vermag die Wirkung eines erwiesenermaßen wirksamen Medikaments derart zu vermindern, dass es sich in der Wirkung von einem wirkstofffreien Medikament nicht mehr unterscheidet."[11]

10 Zu Placebo- und Nocebo-Wirkungen auf das Gehirn des Patienten: Benedetti et al. 2007 und 2011.

11 Winfried Rief 2017, zitiert nach Heiland 2018, 192 f.

Wie unmittelbar heilkräftig hingegen die Worte eines Arztes wirken können, wenn sie ungeachtet aller Nüchternheit mit spürbarer Empathie gesprochen werden, bewies 2018 eine kleine randomisierte Studie von Psychologen der Stanford University (Leibowitz 2018). 76 Frauen und Männern aus mehreren Nationen injizierte man eine Histamin-Lösung in den Unterarm. Nach drei Minuten wurde der entstandene Ausschlag bei allen von einem Arzt visuell geprüft, aber nur 36 Teilnehmer erhielten dazu den beruhigenden Kommentar: „From this point forward your allergic reaction will start to diminish, and your rash and irritation will go away.“ (Von jetzt an wird Ihre allergische Reaktion sich abschwächen, der Ausschlag und der Juckreiz werden verschwinden.) Resultat: Der Juckreiz sank bei diesen Personen (besonders in den ersten 9 Minuten) deutlich schneller als bei den übrigen Probanden, die keinerlei Ansprache erhalten hatten. Die Autoren unterstrichen, dass der Effekt ohne ein Medikament oder irgendeine andere Behandlung erzielt wurde, nur durch das Wort.

Die stumme Sprache des Körpers

Jedes Sprechen ist begleitet von der stummen Sprache des Körpers, die vom Gesprächspartner gewöhnlich kaum wahrgenommen wird, einem aufmerksamen Beobachter aber Wichtiges zu sagen hat: Die Nuancen der Stimmführung, Mimik und Kopfhaltung, die Art der Gesten sowie die gesamte Körperhaltung verraten vieles von dem, was der Sprecher bei seinen Worten denkt, fühlt oder intendiert, teilweise bis hinein in Unbewusstes. Daher eröffnet die Körpersprache einen ganz eigenen Zugang zum anderen Menschen. Für Heilberufe stellt sie ein wichtiges Beobachtungsfeld dar, weil selbst dann, wenn der Patient nicht redet, der Körper Symptome zeigen kann, die auf unverarbeitete seelische Probleme, Stress oder bestimmte Affekte hindeuten. Wer diese Zeichen zu lesen vermag, dem dienen sie zur Diagnose und zugleich als Ansatzpunkt für therapeutische Interventionen.

Körperbezogene Psychotherapien gibt es schon seit langem in vielfältigen Ausprägungen bis hin zu Tanz- und Ausdruckstherapien. Ein neues wissenschaftliches Fundament erhielten solche Bestrebungen

durch die seit den 1990er Jahren entstandene, oben schon erwähnte Embodiment-Forschung, die bewies, dass Kognitionen und Emotionen ihr Fundament stets in körperlichen Prozessen haben.
Darauf fußend propagiert das profunde Lehr- und Arbeitsbuch von Trautmann-Voigt & Voigt „eine handlungsorientierte Psychotherapie, die Sprache und Körpersprache in der Diagnostik und zur Interventionsentwicklung gleichwertig nutzt". Ihr Paradigma lautet: „Psychisches Leben gründet in verkörperter Erfahrung" (Trautmann-Voigt 2020, 24). Die in dem Buch dargestellten Erfahrungen mit körpersprachlichen Interventionen führten in der Praxis zur bewussten Verwendung künstlerischer Mittel: So widmen die Autoren am Ende volle 50 Seiten der detailgenauen Beschreibung „ritualisierter Bewegungsabläufe in der Gruppenarbeit", die sie ausdrücklich als „meditative Tänze" bezeichnen, durchgeführt anhand von ausgewählten Musikstücken und Texten. Ein Vergleich mit Steiners Eurythmie wäre hier interessant.

Selbstheilung durch „Expressives Schreiben"

Einem Menschen, der in innerer oder äußerer Not ist, kann das empathische Zuhören eines Gesprächspartners eine wesentliche Hilfe sein. Das ist von alters her bekannt. Erst vor wenigen Jahrzehnten aber erkannte die Wissenschaft, dass diese positive Wirkung auch dann eintreten kann, wenn Menschen ihre seelische Not nicht einem Mitmenschen berichten, sondern sie einem Tagebuch anvertrauen. Der Pionier dieses neuen Forschungszweiges war der amerikanische Psychologe James Pennebaker. Ihm war in den 1980er Jahren aufgefallen, dass Menschen, die an schweren traumatischen Erlebnissen litten, häufiger krank wurden, wenn sie nicht über das sprachen, was sie durchgemacht hatten. Das Schweigen schadete offenbar ihrer Gesundheit. Pennebaker prüfte seine These, indem er Studenten einlud, 15 Minuten lang eine seelisch belastende Erfahrung aufzuschreiben. Eine zweite Gruppe wurde aufgefordert, ebenso lange über banale Alltagsdinge zu schreiben. „Die Studenten, die sich ihr Trauma von der Seele geschrieben hatten, gingen in den folgenden Monaten deutlich sel-

tener wegen Grippe, Erkältung oder anderer Infekte zum Arzt als ihre Kommilitonen, die lediglich Belanglosigkeiten zu Papier gebracht hatten. Es ging ihnen körperlich, aber auch seelisch anscheinend besser als den anderen. Viele berichteten sogar, das Schreiben habe ihr Leben verändert" (Pennebaker 2010; Schramm / Wüstenhagen 2020, 245).
Eine ganze Welle von Studien hat inzwischen das therapeutische Potential des sogenannten expressiven Schreibens bestätigt. „Insgesamt gilt es als eine der am besten erforschten Techniken in der Selbsthilfe." Forschungsarbeiten wiesen zahlreiche Effekte nach, beispielsweise, dass sich die Funktion des Immunsystems verbessert und mitunter sogar Wunden schneller heilen können, dass bei Aids-Kranken die Anzahl weißer Blutkörperchen steigt, Beschwerden bei Asthma und Arthritis sich bessern, das Stresshormon Cortisol sinkt, und vieles mehr (ebd., 245 f.).
Wie kann es aber sein, so ist zu fragen, dass Worte, die nie gesprochen wurden, durch den Vorgang des Niederschreibens solche physiologischen Veränderungen bewirken können? Der Schlüssel scheint mir darin zu liegen, dass der Schreiber das ganze Gewicht seiner Gefühle und Gedanken, das Leid und die Schrecken der Vergangenheit in den Text hineinlegt und sich dadurch mit der Sprache in einer Intensität verbindet, die im Alltag nie erreicht wird. Jedes seiner Worte ist getränkt von seinem ringenden Selbst, und indem dieses sich gegen die seelische Last behauptet, stimuliert es die unbewussten Selbstbehauptungskräfte des Organismus – ein klassischer Fall von Salutogenese! Die neuere Wissenschaft spricht hier von „psychophysischen Wirkungen" der Sprache, die sich therapeutisch nutzen lassen. – Wenig bekannt ist, dass es in der Pädagogik unabhängig von seelischen Belastungen die Möglichkeit gibt, auch bei Schulkindern ein lebhaft gesteigertes Sich-Verbinden mit der Sprache herbeizuführen und dadurch eine Wirkung zu erzielen, die unter bestimmten Bedingungen ebenso lebensentscheidend und gesundheitsfördernd sein kann wie das expressive Schreiben (siehe Kapitel 5).

Medizin heute: Worte wirken psychophysisch

„Zuerst heile mit dem Wort, dann mit der Arznei, und zum Schluss mit dem Messer." Das soll Asklepios, der griechische Gott der Heilkunst, den antiken Ärzten vorgeschrieben haben. Heute erlebt diese Maxime eine Art Renaissance. Ein neueres Lehrbuch zur Arzt-Patienten-Kommunikation notiert dazu: „Antike Zeugnisse belegen, dass die Vorstellung von Heilung seit jeher eng verwoben ist mit einer Gesprächsführung, die den Patienten und dessen Bedürfnisse in den Mittelpunkt rückt. Erst der medizinisch-technische Fortschritt im 19. und 20. Jahrhundert bewirkte eine Abkehr von diesen traditionellen Vorstellungen und versetzte den Patienten in eine passive Rolle. Damit scheint es heute vorbei zu sein. Patientenverbände, Politiker und auch viele Mediziner fordern einen Paradigmenwechsel, infolgedessen das Gespräch zur zentralen Schaltstelle für jegliches ärztliches Handeln – und damit zugleich zur Gelingensbedingung – wird" (Bechmann 2020, 7).

> Einige neuere Untersuchungen belegen eindrucksvoll, dass Patientenzentrierung (…) auch das klinische Outcome verbessern kann. Studien aus der Psychoonkologie und der Placeboforschung verifizieren sogar, dass Patienten auf eine zugewandte und einfühlsame Haltung des Arztes mit endogener Opioidausschüttung reagieren können, was in der Folge zu einer geringeren Schmerzwahrnehmung führt. Dieses Beispiel zeigt: Effektive Arzt-Patient-Kommunikation, die auf der Berücksichtigung von Patienteninteressen beruht, ist heilsam und einer der zentralen Wirkungsfaktoren der ärztlichen Behandlung (ebd., 169).

Descartes' Körper-Geist-Dualismus wird heute allmählich abgelöst von dem Paradigma der Körper-Seele-Einheit (oder Körper-Geist-Einheit, engl. Body-Mind-Unity). An ihr orientiert sich die neuere Biopsychosoziale Medizin (Egger 2017). Sie versteht den menschlichen Organismus als ein dynamisches System, in dem leibliche und geistig-seelische Vorgänge als zwei verschiedene Äußerungsweisen ein und derselben Wirklichkeit begriffen werden, sodass ein physischer Vorgang sich stets auch seelisch äußert und umgekehrt. Hinzu kommen beiderseits Wirkungen aus der sozialen Umwelt und ihren Lebensbedingungen. Ein besonderes Mittel, um sich diesem hochkomplexen Organismus zu nähern, stellt für die biopsychosoziale Medizin die Sprache dar, weil sie stets multifaktoriell wirkt: Geistig regt sie Gedanken an, seelisch Emotionen, und parallel zu beiden bewirkt sie im Leib messbare physiologische Veränderungen, z.B. bei den Hirnströmen und der Neurotransmitter-Aktivität, bei der Herzaktivität und Atmung, bei der Muskelspannung, der Pupillengröße und dem elektrischen Hautwiderstand. „Es ist also keine Fiktion, wenn wir behaupten, dass man mit der zwischenmenschlichen Kommunikation direkt in das Körpergeschehen eingreift", resümiert Egger (2017, 197). Worte haben eine psychophysische Wirkung, lautet das Fazit, und folglich ist die Arzt-Patienten-Kommunikation „ein Werkzeug in der Medizin; professionell eingesetzt wirkt sie als Heilmittel" (ebd., 195).

Zuhören als wirkende Kraft

Zum Sprechen gehört immer auch das Hören. Aber welche Bedeutung hat es für den Arzt? In dem 2017 erschienenen Sammelband „Auf den Menschen hören" kritisiert der Medizinethiker Giovanni Maio einleitend die Dominanz des Visuellen im heutigen Medizinbetrieb, während das Hören unterbewertet, ja sogar geringschätzt werde. Einen wesentlichen Grund dafür sieht er in der Tatsache, dass man als Hörender eben nicht Gestalter, Manager, Planer sein kann, sondern bedingungslos zulassen muss, was auf einen zukommt (Maio 2017,13 f.).

> Deutlich wird, dass sich in der modernen Medizin eine Form des Hörens zunehmend etabliert, die die besondere Chance des Hörens in ihr Gegenteil verkehrt. Die Chance des Hörens liegt darin, etwas zu hören, was zuvor nicht da war, was das Bild des Ganzen verändert, etwas zu hören, das die Besonderheit des Anderen ohrenscheinlich zur Geltung bringt. Genau dieses Kennenlernen des Anderen aber wird systematisch verhindert, indem den Heilberufen beigebracht wird, nur auf das Sichtbare und Dokumentierbare, auf das binär Erfassbare, auf das Maschinenlogische zu achten. […] Was den Heilberufen im Zuge einer betriebstechnischen Durchrationalisierung der Organisationsabläufe sukzessive aberzogen wird, ist die Haltung der Unvoreingenommenheit, die Haltung der Offenheit, die Haltung der tiefen Neugier für die Stimme des Anderen, die mit einem Aufruf, einer Verpflichtung verbunden ist (ebd., 24).

In demselben Band erinnert die Psychotherapeutin Alice Holzhey-Kunz an das besondere Zuhören bei Sigmund Freud, der vor dem unwillkürlichen Filtern des Gehörten warnte und von den Psychoanalytikern ein „Zuhören in gleichschwebender Aufmerksamkeit" verlangte.

> „Gleichschwebend" zuzuhören meint dagegen, sich gerade nichts Besonderes merken zu wollen, sondern allem, was man hört, die gleiche Aufmerksamkeit zu schenken. Freud erklärt rundweg, jedes Auswählen beim Zuhören sei „schädlich", weil wir dann gar nicht wirklich offen seien für das, was wir hören. Nur derjenige hört nach Freud wirklich zu, der bereit ist, sich stets neu von dem, was der Patient erzählt, überraschen zu lassen. Überraschbar aber ist immer nur derjenige, der sich offenhält für das Unerwartete (Maio 2017, 135 f.).

Auch der Internist Matthias Girke widmet sich in seinem Aufsatz (ebd., 222 ff.) der Bedeutung des aufmerksamen Zuhörens und betont, dass es systematisch geschult werden kann und muss. In Anlehnung an Rudolf Steiners „Nebenübungen" (GA 267) führt er dazu sechs Übungsfelder an: Konzentrationsfähigkeit auf das Gespräch, willentlich geführte Wahrnehmungsaktivität im Hören, Erfühlen der Botschaft, die sich in der Patientensituation kundtut, Positivität im Zuhören, Unvoreingenommenheit im Zuhören, harmonische Ausbildung des Ineinandergreifens der fünf Fähigkeiten.
Zu den Erfolgen einer solchen Schulung bemerkt er: „Schließlich kann das aufmerksame Zuhören zu therapierelevanten Entscheidungen führen und das weitere therapeutische Vorgehen unmittelbar beeinflussen." Seit langem seien Prognoseverbesserungen durch die palliative Patientenbetreuung bekannt, denn „durch eine geeignete Gesprächskultur und aufmerksames Zuhören können sich körperliche Symptome, aber auch Ängste reduzieren". Sogar die Überlebenszeit könne sich verlängern. Er schließt mit der Feststellung: „Aufmerksames Zuhören ist demzufolge nicht nur Qualitätsmerkmal einer zuwendungsorientierten Medizin, sondern hat Auswirkungen auf das geistige, seelische und körperliche Wesen des Menschen" (Maio 2017, 234 f.).

„Kommunikation ist ein Herzstück der ärztlichen Kunst“

Regine Heiland hat 2018 unter Mitarbeit zahlreicher Fachleute ein Schulungsbuch für Ärzte herausgegeben, das den eklatanten Mängeln der Kommunikation zwischen Arzt und Patient im deutschen Gesundheitswesen entgegenwirken will (Heiland 2018). Sie weist im Vorwort darauf hin, dass Ärzte statistisch gesehen zwar 60-80 % ihrer täglichen Arbeitszeit im Dialog mit ihren Patienten verbringen und insgesamt im Laufe eines Berufslebens bis zu 200.000 Gespräche führen, dass man daraus aber keineswegs den Schluss ziehen dürfe, sie seien Meister der Kommunikation. Sie belegt das Gegenteil mit erschreckenden Zahlen:

„In einer Studie über Anfangsrituale im Konsultationsgespräch wurde festgehalten: Gerade knapp jedem vierten Patienten (23 %) wurde Zeit gegeben, die Eröffnungsfragen des Arztes auch zu beantworten. Über zwei Drittel (69 %) wurden vom Arzt nach 15 Sekunden unterbrochen. [...] Ärzte überschätzen die Zeit, die sie in ein Gespräch investieren, um das 9-fache. Und in zwei Drittel der Fälle unterschätzen sie das Informationsbedürfnis des Patienten. Ihres Patienten.“ Es sei folglich geraten, sich nicht nur fachlich weiterzubilden, sondern auch kommunikativ. Denn „Kommunikation ist ein Herzstück der ärztlichen Kunst“, bis hin zu Gesprächen mit sterbenden Patienten.

Man darf die Frage anschließen: Ist sie nicht auch ein Herzstück der pädagogischen Kunst? Wie steht es mit diesen Fähigkeiten bei den Lehrerinnen und Lehrern? Findet die Qualität der Kommunikation überhaupt Beachtung? – Das Problembewusstsein scheint auf diesem Gebiet noch nicht in gleicher Weise erwacht zu sein wie in der Medizin.

4 Dichtung, die Herz und Atem mit dem Kosmos synchronisiert

Orientierung an der Dreigliedrigkeit des menschlichen Organismus

Aufbauend auf Goethes epochaler Erkenntnis, dass sich alle Lebensprozesse im Spannungsfeld von Polaritäten entfalten, arbeitete Steiner im menschlichen Organismus drei Funktionsbereiche heraus, von denen zwei sich polar zueinander verhalten: die Nerven-Sinnes-Organisation (Zentrum: im Kopfbereich) und die Stoffwechsel-Gliedmaßen-Organisation (Zentrum: im unteren Rumpf und in den Gliedmaßen).[12] Ihre Gegensätzlichkeit zeigt sich schon in der Knochenform: Den Schädel krönt eine annähernd kugelige Form, die Gliedmaßen strecken sich linienförmig in die Länge. Die flächigen Schädelknochen umhüllen das weiche Gehirn, die strahligen Gliedmaßenknochen werden von der weichen Muskulatur umhüllt.[13]

Polar sind auch die zugehörigen Funktionen: Im Kopf findet bewusste Vorstellungs- und Gedankentätigkeit statt, in den Gliedmaßen und den Stoffwechselorganen unbewusste Willenstätigkeit.[14] Letztere geschieht

12 Steiner nennt es gelegentlich auch „Stoffwechsel-Bewegungs-System", z.B. in GA 306 am 17.4.1923.

13 Die Gegensätzlichkeit zeigt sich auch noch in vielen weiteren anatomischen Details (vgl. Wolf 2010), die ich hier übergehe.

14 Steiners Terminus „Wille" meint keine Handlungsvorhaben, sondern das Handeln selbst, die ausführende Tat. Zwar können wir den Bewegungen unserer Gliedmaßen bewusste Ziele setzen und diese auch mit Hilfe des Nervensystems kontrollieren, doch die physiologischen Prozesse, mit denen sie der Körper in die Tat umsetzt, entziehen sich unserer Wahrnehmung. Vollends im Unbewussten bleiben die Prozesse der Stoffwechselorgane.

in ständiger Bewegung. Im Kopf hingegen braucht der Mensch Ruhe und Distanz zu der Welt, um sie mit dem Denken zu erfassen und zum Bewusstsein seiner selbst zu gelangen. Dazu dient ihm der Innenraum. Mit den Gliedmaßen hingegen wendet er sich dem Außenraum zu, um in der Welt tätig zu werden. Zur Welt gehört auch die stoffliche Substanz des Körpers; indem diese durch den Stoffwechsel fortwährend aufgebaut und abgebaut wird, entsteht die physische Kraft zum Handeln. Für sich allein würde keiner dieser Pole menschliches Leben ermöglichen; wir brauchen beide, vermittelt durch das rhythmische System mit den Organen für Atem und Blutkreislauf sowie mit einem Knochenbau, der beiden Polen gerecht wird: Die Rippen des Brustkorbs schließen sich nach oben wie zu einer Kopfform, nach unten öffnen sie sich wie Gliedmaßen zum Umraum. Der Brustkorb pendelt beim Atmen zwischen Schließen und Öffnen, kennt aber auch das Element der Ruhe: Vor der Bewegungsumkehr hält er kurz inne. Ebenso strömt das Blut ständig zur Peripherie und zurück ins Herz, kommt dort aber für einen Moment zum Stehen. In diesem Schwingen zwischen dem Außen und Innen, dem Sich-Bewegen und Zur-Ruhe-Kommen hat das Gefühlsleben des Menschen seine Leibesbasis, pendelnd mit einem mehr träumenden Bewusstsein zwischen Welterleben und Selbsterleben. Die Einteilung in drei Funktionsbereiche würde gründlich missverstanden, wollte man sich diese räumlich getrennt vorstellen: Das Nervensystem reicht vom Kopf bis in die Zehenspitzen, der Stoffwechsel von den Zehen bis hinauf ins Gehirn, und in beide wirkt das rhythmische System hinein.[15] Es durchdringen sich alle drei Systeme gegenseitig, und zwar so, dass in jedem einzelnen Organ des Körpers (z.B. Leber oder Niere) eines von ihnen dominiert und die anderen zwei in unterschiedlicher Stärke und Nuancierung mitwirken.[16] Gleichwohl

15 Auf den Einwand, das Gefühlsleben müsse zum Nervensystem gehören, weil es mit Gedanken und Vorstellungen einhergehe, antwortete Steiner: Das Fühlen hat sein Werkzeug im rhythmischen System, teilt sich aber mittelbar dem Nerven-Sinnes-System mit, sodass „der Schein entsteht, als ob auch unmittelbar das Gefühlsleben mit dem Nerven-Sinnes-System zusammenhinge". Steiner 1921c. GA 324, Vortrag 17.3.1921.

16 Eine ausführliche Darstellung dazu gibt Steiner in dem Vortrag vom 21.7.1924, 1924c. GA 319.

verteilen sich die Zentren der drei Systeme räumlich auf den oberen, den mittleren und den unteren Körperbereich.
Sehr anschaulich wird das alles an der Kopfgestalt: Dort hat das Nerven-Sinnes-System sein Zentrum, doch tritt es in voller Stärke nur im oberen Teil des Schädels auf. In der Mitte unterstützt die Nase mit ihren luftigen Nebenhöhlen das Atmen und damit das rhythmische System. Der Unterkiefer schließlich ist als einziger Kopfknochen beweglich wie eine Gliedmaße und dient mit einem starken Muskel primär dem Kauen und folglich dem Stoffwechsel.
Angesichts dieser lebendigen, harmonisch ineinandergreifenden Ordnung fühlt man sich an Goethes Faust erinnert: „Wie alles sich zum Ganzen webt, Eins in dem andern wirkt und lebt!" (Vers 447 f.). Dort gelten diese Worte dem Makrokosmos; sie treffen aber in gleicher Weise auf den Mikrokosmos des menschlichen Leibes zu. Vollständig wird das Bild allerdings erst durch die Einfügung der vier Wesensglieder des Menschen in die Dreigliedrigkeit des Leibes, die Steiner folgendermaßen zusammenfasst:

> Erst wenn man in dieser Weise den menschlichen Organismus durchschaut und dann sieht, wie alles das, was Ich-Organisation ist, im engeren Sinne gebunden ist an das Nerven-Sinnessystem; wie alles das, was Ätherleib des menschlichen Organismus ist, gebunden ist im engeren Sinne an das Stoffwechsel-Gliedmaßen-System; wie alles das, was astralischer Leib ist, gebunden ist an das rhythmische System; und wie der physische Leib das ganze durchdringt, aber fortwährend überwunden wird von den drei anderen Gliedern der menschlichen Organisation, dann lernt man eben auch in das Normale oder Abnorme, in die sogenannten normalen oder abnormen Prozesse der menschlichen Organisation hineinschauen (Steiner 1924c, 21.7.1924).

Rhythmen, die Lebenskräfte schenken

Steiner verfolgte den Grundsatz, jeglichen Unterricht darauf zu prüfen, was er im Wesensgefüge des Kindes bis hinunter in die organischen Prozesse bewirkt. Er hielt es deshalb für unerlässlich, dass sich Pädagogen für medizinische und naturwissenschaftliche Forschungsergebnisse interessieren. Ein Beispiel dafür ist die Chronobiologie.

Wissenschaftler wie Gunther Hildebrandt konnten die im Körper des Menschen entdeckten chronologischen Rhythmen mühelos der von Steiner erforschten Dreigliederung zuordnen (Hildebrandt 1999): So stehen beispielsweise die Nerven- und Sinneszellen mit bis zu 1000 Schwingungen pro Sekunde (= 60.000 pro Minute) im schroffen Gegensatz zum Stoffwechselbereich, wo sich die Peristaltik des Magens in der Minute nur dreimal bewegt, der Dünndarm zwölfmal, der Muskeltonus einmal. Die Frequenzen bleiben in diesem Bereich ständig gleich, nur die Amplitude kann variieren. Im Nervenpol ist es genau umgekehrt: Nur die Frequenzen sind modulierbar, nicht aber die Amplitude. Das rhythmische System hingegen kann sowohl die Frequenz wie auch die Amplitude modulieren, und das sichert den Ausgleich zwischen dem oberen und dem unteren Funktionsbereich, sodass immer wieder die Balance hergestellt wird (Roßlenbroich 1994).

Die Forschung kennt im rhythmischen System eine Fülle von Rhythmen, allen voran die von Atem und Herz. Beide passen sich flexibel der jeweiligen Leistungsanforderung an, kehren aber im Ruhezustand in einen Grundrhythmus zurück, der beim Atem im Mittel 17 bis 18 Atemzüge pro Minute beträgt, beim Herz-Kreislauf-System etwa 72 Pulsschläge pro Minute. Mediziner sprechen hier vom Puls-Atem-Quotienten (PAQ) 4:1. Wichtig ist nun, dieses Verhältnis in der Lebenswirklichkeit zu beobachten, und da zeigt sich ein sehr differenziertes Bild: Stündliche Messungen, die Hildebrandt über 24 Stunden hinweg an einer Gruppe ständig liegender Probanden vornahm, ergaben nur bei wenigen Personen einen durchgehenden PAQ 4:1, während er bei den meisten am Tage erheblich abwich, mit Werten von 2,5:1 bis zu 10,3:1. Auffällig war dabei, dass ein Teil dieser Probanden mit seinem individuellen PAQ permanent unter dem Niveau von 4:1 blieb, ein anderer permanent darüber. „Nur in der Nacht, nach einigen Stunden Schlaf, stellten sich alle in ähnlicher Weise auf einen Wert von etwa 4:1 ein. Erst am Morgen wurde dieser wiederum in einer für den Einzelnen charakteristischen Richtung hin zum individuellen Tageswert verlassen“ (Roßlenbroich 1994, 26; siehe Abb. 1).

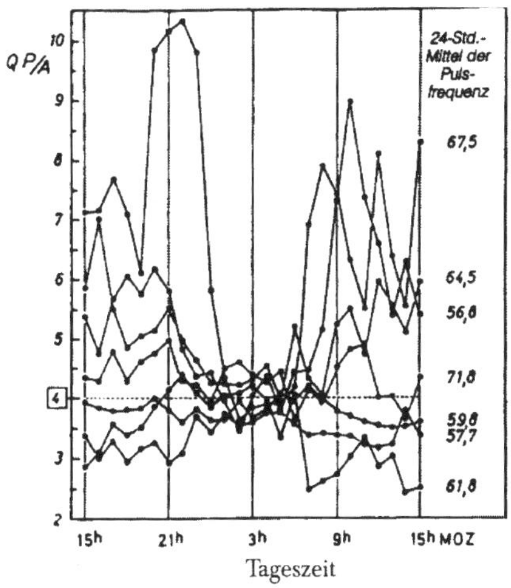

Abb. 1:
Der Puls-Atem-Quotient im Tagesverlauf von dauerhaft liegenden gesunden Versuchspersonen.
Aus: Hildebrandt 1999, 61

Aus der Schlafforschung ist bekannt, was dieses Ereignis bedeutet: Von dem Erreichen des PAQ 4:1 hängt die nächtliche Erholung ab. Nur so gelangt der Mensch in jenen geheimnisvollen, seinem Bewusstsein gänzlich entzogenen Zustand, in welchem ihm aus der Weisheit höherer Mächte neue Kräfte für den kommenden Tag zufließen. Wird er dabei gestört, stellt sich keine ausreichende Erholung ein; ein dauerhafter Schlafentzug führt sogar zum Tod.
Was geht da vor? Im Tiefschlaf versinken wir in völlige Unbewusstheit, weil Astralleib und Ich sich eine Zeitlang vom Leibe trennen. In dieser Zeitspanne kann sich der physische Leib mit seinem Lebensorganismus (Ätherleib) frei von Bewusstseins- und Empfindungsprozessen ganz den aufbauenden Kräften der geistigen Welt hingeben. Das Puls-Atem-Verhältnis 4:1 signalisiert somit ein „Ausatmen" des inneren Menschen, durch das dem äußeren Menschen das „Einatmen" höherer Kräfte möglich wird.
Rudolf Steiners Hinweis auf die zentrale Bedeutung des Puls-Atem-Quotienten als wichtigen Indikator für das gesunde Wechselspiel zwischen dem oberen und dem unteren Menschen sah Gunther Hildebrandt, der eine Fülle von Rhythmen im menschlichen Organismus herausgearbeitet hat, durch die inzwischen eruierten wissenschaftlichen Fakten vollumfänglich bestätigt und belegte das mit der Tatsa-

che, „dass für den Puls-Atem-Quotienten umfangreiche korrelative Beziehungen zu den verschiedensten Funktionsmerkmalen des Organismus nachgewiesen wurden“ (Hildebrandt 1999, 115). Das rhythmische System wirkt demnach harmonisierend auf sämtliche Bereiche des Körpers, und das zeigt, wie berechtigt Steiners Äußerung war, dieses System sei schlechthin „das Gesündeste im Menschen“.[17]

Der Mensch im Zusammenklang mit dem Makrokosmos

Ein weiteres Ergebnis der Chronobiologie verdient hier Interesse: Nicht nur beim Tiefschlaf, sondern auch bei Heilprozessen, Bäderkuren, Rehabilitationen usw. stießen die Forscher immer wieder auf ein Ordnungsprinzip in ganzzahligen Verhältnissen (Hildebrandt 1999). Sie rührten damit an ein Geheimnis, das schon die Gelehrten des Altertums beschäftigte. Von dem griechischen Mystiker, Philosophen und Mathematiker Pythagoras (6. Jh. v. Chr.) ist überliefert, dass er am Monochord untersuchte, wie sich die Töne der Musik mathematisch zueinander verhalten: Wird die auf einen Ton gestimmte Saite mit einem Steg im Verhältnis 3:4 geteilt und der längere Teil angestrichen, dann erklingt die Quart zum Grundton, bei 2:3 die Quint, bei 1:2 die Oktave. Alle Töne der Tonleiter entstehen durch ein ganzzahliges Teilungsverhältnis.[18]

Pythagoras sah darin das irdische Abbild der Musik, die das ganze Weltall mit ihren Sphärenharmonien durchklingt, unhörbar für irdische Ohren, aber real wirksam. Am Beginn der Neuzeit entdeckte

17 Steiner 1923a, GA 306, Vortrag 17.4.1923. Mehr dazu siehe oben am Schluss von Kapitel 2.

18 In der Dur-Tonleiter: 8:9 Sekund, 4:5 Terz, 3:5 Sext, 8:15 Septim. In der Moll-Tonleiter: 5:6 kleine Terz, 5:8 kleine Sext, 9:16 kleine Septim. Die noch kaum erforschten Zusammenhänge dieser Zahlenverhältnisse mit dem Platonischen Weltenjahr haben Georg und Michaela Glöckler 1995 zum 70. Todestag Rudolf Steiners in dem Aufsatz „Die Zahl 70“ in der Zeitschrift „Das Goetheanum“ herausgearbeitet.

der Astronom Kepler solche Harmonien in den Umlaufbahnen der Planeten und veröffentlichte seine Beobachtungen 1619 in dem Buch „Harmonices mundi“ (Harmonien der Welt).

300 Jahre später legte Rudolf Steiner dar, wie auch das Leben des Menschen von den Rhythmen des Kosmos durchklungen wird (Steiner 1917d, 46): Rechnet man die genannten 18 Atemzüge pro Minute auf 24 Stunden hoch, so ergibt sich die Zahl 25.920. Diese Zahl kennen die Astronomen von alters her als die Dauer des Platonischen Weltenjahres. Sie ergibt sich aus der fortschreitenden Verschiebung des Frühlingspunktes der Sonne, der im Laufe der Jahrtausende durch den gesamten Tierkreis wandert, bis nach 25.920 Jahren die Sonne beim Frühjahrs-Äquinoktium morgens wieder an genau demselben Punkt aufgeht.

Daraus folgt, dass der Mensch in seiner wichtigsten Tätigkeit, von der sein Leben abhängt, nämlich dem Atmen, von derselben Zahl regiert wird wie die Sonne in ihrem kosmischen Umlauf. Damit nicht genug: Teilt man das große Welten-Jahr durch die irdische Jahreslänge (astronomisch = 365,2425 Tage), dann dauert ein Welten-Tag rund 71 Jahre, und das heißt: Er entspricht in etwa der Dauer eines Menschenlebens.[19] Und dieses Leben wiederum umfasst 25.920 Erdentage, und jeder Tag potentiell 25.920 Atemzüge. Vom Kleinsten bis zum Größten, vom Mikrokosmos bis zum Makrokosmos verweben sich die Rhythmen ineinander.

Angesichts so universaler Zahlrelationen könnte der Eindruck entstehen, als arbeite das Weltall wie ein Uhrwerk. Das wäre jedoch kein Leben, sondern öde Mechanik. In Wahrheit handelt es sich um Grundrhythmen, um die herum sich wie um einen Ruhepol das reale Geschehen bewegt. Auch das rhythmische System des Menschen ist nicht fest an das kosmische Maß gebunden, sondern lässt der Individualität die Freiheit, sich am Tage in ständig wechselnder Weise von dem universalen Verhältnis 4:1 zu entfernen. Und doch verlangt der Körper aller Individuen zu seiner Erhaltung von Zeit zu Zeit einen

19 2021 lag die Lebenserwartung laut Wikipedia für Männer im Mittel bei 70 Jahren, für Frauen bei 75 Jahren.

Rückbezug zu dem die ganze Welt tragenden kosmischen Rhythmus. Das Leben, so zeigt sich, schwingt zwischen Ordnung und Chaos und verbindet dadurch Freiheit mit Gesundheit.

Sanskrit-Dichtung im Einklang mit dem Kosmos

Bisher war von dem nächtlichen Einschwingen in das Puls-Atem-Verhältnis 4:1 die Rede. Die menschliche Sprache indessen ermöglicht eine Annäherung daran auch im Wachbewusstsein, wenn sie in eine Versform gebracht wird, die gesetzmäßig von Maß und Zahl bestimmt ist. Je weiter wir in der Menschheitsgeschichte zurückgehen, desto deutlicher wird, dass eine solche Sprache ihre Quelle in uralter Mysterienweisheit hatte, die sich um die religio bemühte, also um die Rückbindung des Menschen an die göttliche Sphäre, aus der er stammt. Dass man damals die Bedeutung des Atems für die Verbindung mit den höheren Welten noch kannte, beweist die Etymologie: Als ein Erbstück aus der Frühzeit des Indogermanischen ist unser Wort „Atem" direkt verwandt mit dem Sanskritwort Atma, mit dem sowohl der Hauch des Atems bezeichnet wurde als auch die Seele des Menschen, die sich mit dem letzten Atemzug von ihrem Leib verabschiedet und in die geistige Welt zurückkehrt (Kluge 1963).
Betrachten wir daraufhin die in der Sanskrit-Sprache verfassten altindischen Dichtungen, so finden wir dort als durchgehendes Versmaß den achtsilbigen Vers, und zwar in Form des Shloka, einer Strophe aus zwei Langzeilen mit je zwei Teilen aus je 8 Silben. Den 32 Silben der Strophe steht der einzelne Vers mit 8 Silben gegenüber = 32:8 oder 4:1. Mit jeder Strophe wird also das kosmisch-gesundende Zahlenverhältnis realisiert. Doch geht es nicht um die Zahlwerte, sondern um leibliche Prozesse, die zueinander in ein bestimmtes Verhältnis kommen. Dazu ein kleines Experiment, hilfsweise in deutscher Sprache mit dem „Säerspruch" von C. F. Meyer, wobei es mir um die zeitliche Dimension der Verse geht, nicht um ihre Hebungszahlen, auf die ich weiter unten noch zurückkomme:

Bemesst den Schritt! Bemesst den Schwung!
Die Erde bleibt noch lange jung!
Dort fällt ein Korn, das stirbt und ruht.
Die Ruh ist süß. Es hat es gut.[20]

Bei einem ruhigen, entspannten Vortrag dieser achtsilbigen Verse wird sich ganz von selbst ergeben, dass man für jeden Vers einen Atemzug benötigt. Mühelos gelingt das auch bei längeren Gedichten, und wer das probiert, kann feststellen, dass er im Mittel für 18 Verse 1 Minute braucht, was auf 24 Stunden hochgerechnet 25.920 Atemzüge ergeben würde. Leiblich schwingt man sich also in einen Rhythmus ein, der Herz und Atem – und auf ihren Flügeln auch Seele und Geist – in Einklang bringt mit kosmischen Gesetzmäßigkeiten, hinter denen geistige Mächte stehen. Dieser religio diente in alten Zeiten der achtsilbige Vers. Eines der Hauptwerke altindischer Epik, die Mahabharata (zu der auch die Bhagavad Gita gehörte) umfasste 106.000 Doppelverse aus 2 x 8 Silben und war damit fast viermal so lang wie Homers Ilias und Odyssee zusammen. Bedenkt man diese Fülle, die nicht zum stummen Lesen gedacht war, sondern zur regelmäßigen feierlich-musikalischen Rezitation, dann gewinnt man eine Vorstellung davon, wie fundamental das achtsilbige Versprinzip auf die altindische Kultur gewirkt haben muss. Ein reges spirituelles Leben entfaltete sich.

Vereinigung alter und neuer Dichtungsströme im Zeichen des Christentums

Ich überspringe hier die noch zu besprechende Antike und komme zum frühen Mittelalter. Ohne eine erkennbare Entlehnung aus der altindischen Kultur entstand im christlichen Abendland in lateinischer Sprache die Ambrosianische Hymnenstrophe, die dem Shloka verblüffend ähnlich war: Auch hier vier achtsilbige Verse, nur mit der Neuerung, dass ab dem 8. / 9.Jahrhundert der Endreim Einzug hielt.[21] Diese

20 Die gleichgebaute zweite Strophe lasse ich hier weg.

21 Die stille Einführung des lateinischen Endreims in die liturgischen Hymnen

Hymnenstrophen hatten einen festen Platz in der Liturgie der Kirche, wo sie zum Lobe Gottes gesungen wurden.
An deren Versform sich anlehnend schuf im 9. Jahrhundert der gelehrte Mönch Otfrid von Weißenburg eine „Evangelienharmonie“ (Zusammenfassung der vier Evangelien), die ihn zum Stammvater der deutschen Dichtung machte, indem er anstelle des nordisch-germanischen Stabverses erstmals den Endreim zum durchgängigen Versprinzip erhob. Wissend, dass sich die kunstvoll geregelten Versmaße der Griechen und Römer im Deutschen nicht einfach nachbilden lassen, zeigte er sich in seiner lateinischen Vorrede dennoch überzeugt, das Leben und Wirken des Heilands dem fränkischen Volk in seiner eigenen, poetisch noch ungeübten Sprache durch den Einsatz des Endreims in würdiger Weise nahebringen zu können.
In den Jahrhunderten danach löste sich die deutschsprachige Dichtung thematisch erst langsam von der Bindung an die Religion. Die mündlich gepflegte Volksdichtung hingegen hielt unabhängig von den behandelten Themen noch ein Jahrtausend lang an dem alten achtsilbigen Vers fest, allerdings modifiziert gemäß dem deutschen Sprachcharakter, für den die Zahl der Silben weniger wichtig ist als deren Betonungsstärke. Daher umfassten die volkstümlichen Verse nicht immer genau acht Silben, wohl aber in der Regel vier betonte Silben („Hebungen“). Vier Betonungsimpulse auf einen Atemzug – das Verhältnis 4:1 war auf neue Weise gegeben. Dessen kosmisch-physiologischer Hintergrund wurde vermutlich kaum mehr gespürt, und doch geschah hier ein therapeutischer Vorgang: Während die Verse erklangen, wirkte die metrische Form im Untergrund wohltätig auf das im Alltagsleben zur Chaotik neigende Puls-Atem-Geschehen; Sprecher und Hörer erlebten im Wachzustand etwas von der sonst nur im Schlaf zu erlangenden leiblich-seelischen Erfrischung.
Verstärkt wurde die therapeutische Wirkung durch die Einführung des Endreims, der den Stabreim immer mehr verdrängte.[22] Der Stabvers kannte keinerlei Gesetz für Silbenzahl und Verslänge. Es galt nur die

des 8. / 9.Jhs. wurde von Patzlaff 1975 nachgewiesen.
22 Näheres zu dem Folgenden bei Patzlaff 2017, Kapitel 16: „Seelenbildung durch die Musik der Sprache“.

Regel, dass im An- und Abvers je ein oder zwei Wörter mit konsonantischem Gleichklang („Stab") beginnen mussten. In der kraftvollen Hervorhebung des Anfangs der Stabwörter betätigte sich das in die Stoffwechselkräfte einschlagende Willenselement des Sprechenden, während der Endreim die Aufmerksamkeit vor allem auf ein ästhetisches Erlebnis im seelischen Raum lenkte, nämlich auf den musikalisch-rhythmischen Gleichklang am Ende des Verses. Dazu kam, dass der Endreim die Regelhaftigkeit der Verse erzwang; denn wer das Ende eines Verses im Ohr hat, erwartet, dass der nächste Vers die gleiche Zeit braucht, bis er in das Reimwort mündet. Das aber ist nur durch ein gleichbleibendes Metrum zu erreichen, und so gewöhnte sich im Zuge der Christianisierung ein ganzes Volk daran, trotz der Beibehaltung der markanten Stammsilbenbetonung seiner Sprache sich in feinere, hygienisch wirkende Formgesetze einzuleben, die ihr Vorbild in der ganz anders gearteten, an Maß und Zahl orientierten Dichtung des Altertums hatten.

Der homerische Hexameter und seine Besonderheit

Das älteste Versmaß der griechisch-römischen Antike ist der Hexameter, mit dem der sagenumwobene Dichter Homer seine Epen *Ilias* und *Odyssee* gestaltet hat. Sein Vers hat, wie der Name schon sagt, sechs Versfüße (Metra), bestehend aus Daktylen (— u u):

1	2	3	4	5	6
— u u	— u u	— u u	— u u	— u u	— u (u)

Während die germanischen Sprachen, zu denen das Deutsche gehört, ihre Verse durch betonte und unbetonte Silben strukturieren („Akzentuierendes Prinzip"), wurden in der antiken Dichtung die Silben – ungeachtet der Alltagsbetonung – allein nach der Dauer ihres Erklingens bewertet, ähnlich wie die Töne der Musik („Quantitierendes Prinzip"). Festgelegt war, dass die lange Silbe des Daktylus dieselbe Zeitspanne umfasst wie das nachfolgende Silbenpaar aus zwei Kürzen

– und umgekehrt. Der Dichter durfte sich die Freiheit nehmen, hin und wieder in den ersten vier Versfüßen zwei kurze Silben durch eine lange Silbe zu ersetzen, oder gelegentlich auch eine lange durch zwei kurze. Das allein schon ermöglichte eine Vielzahl von Variationen, die den jeweiligen Inhalt klanglich unterstützen konnten.

Abstrakt betrachtet scheint dieser Vers nicht dem physiologischen Prinzip 4:1 zu entsprechen. Achtet man aber beim Sprechen auf den Atem, dann ergibt sich ein anderes Bild: Nur mit Gewalt ließe sich ein so langer Vers auf einen Atemzug sprechen. Er verlangt zwei Atemzüge und wird deshalb im Regelfall in der Mitte (nach Wortende im dritten Versfuß) durch eine Zäsur geteilt, die für das neue Luftholen etwa die Dauer eines Daktylus beansprucht, und ebenso nach dem verkürzten sechsten Daktylus, wo wiederum Atem geschöpft wird für den nächsten Vers. So nimmt jeder Halbvers in Wahrheit die Dauer von vier Versfüßen ein und stimmt insofern mit dem oben besprochenen Urvers der Menschheit überein.

Jedoch weist der homerische Hexameter eine wichtige Besonderheit auf: Den sechs Versfüßen werden zwei Zeitabschnitte hinzugefügt, die zwar feste Bestandteile des Verses sind, die der Dichter aber nicht mit Sprachklang füllt, sondern mit einer Stille, in der ein unhörbares Geschehen Platz hat. Mit dem Atemholen (lat. Inspiration) konnte der Dichter zugleich die göttliche Inspiration einatmen, aus der die Erzählung sich speist. Homer bezeugt diese seine Quelle ausdrücklich am Beginn beider Epen, indem er feierlich die Muse anruft, ihm aus dem Weltengedächtnis die Ereignisse und Taten zu singen, die sein Mund den Menschen kundtun soll. Jeder Grieche wusste, dass die Muse Kalliope gemeint war, eine Tochter des Zeus, verehrt als Göttin der epischen Dichtung, der Rhetorik, Philosophie und Wissenschaft. Man mag das heute für poetisches Brimborium halten, doch in der alten Zeit wusste man noch von der Verbindung des menschlichen Atems mit den höheren Welten und ihrer kosmischen Ordnung. Wir haben allen Grund, dieses alte Wissen ernst zu nehmen, denn in neuester Zeit ist es möglich geworden, durch ein angeleitetes Sprechen von Hexameterversen Bluthochdruck-Patienten therapeutisch zu unterstützen, indem ihr Puls-Atem-Geschehen sich dem kosmischen Maß von 4:1 annähert. Eine neue Gesundheitsquelle hat sich aufgetan.

Hexameter versetzen Herz und Atem in einen Ausnahmezustand

Die rhythmische Interaktion zwischen Herz und Atem des Menschen wurde erst durch die im 20. Jahrhundert einsetzende Chronobiologie und Chronomedizin zum Gegenstand wissenschaftlicher Forschung. Ob und wie das Herz mit seiner hohen Frequenz-Variabilität (engl. HRV) mit der Atemfrequenz zusammenhängt, wurde vielfältig untersucht. Welche Rolle aber dabei die Sprache spielen kann, diese Frage wurde erst spät gestellt. Im Jahr 2000 konstatierten US-Kardiologen: Einfache mentale und verbale Aktivitäten beeinflussen deutlich die HRV durch Änderungen der Atemfrequenz (Bernardi et al. 2000). Besonders beim Rosenkranzgebet und dem Mantra „Om mani padme hum" zeigte sich ein günstiger Einfluss auf Herz, Blutdruck und Kreislauf (Bernardi et al. 2001). Anthroposophische Therapeuten und Ärzte überraschte das alles nicht. Sie hatten in der Praxis ihrer Therapeutischen Sprachgestaltung längst die gleiche Erfahrung gemacht (Heusser 1999) und publizierten dazu ab 2001 eine Reihe von Forschungsberichten, von denen einige hier referiert werden sollen.

Dietrich von Bonin und drei Ärzte untersuchten zunächst an sieben Nicht-Sprachgestaltern den Einfluss ihrer Sprachtherapie auf die HRV, mit Sprachübungen und Texten und besonders mit deutschen Hexameterversen. Wer Hexameter spricht, so fanden sie heraus, gerät physiologisch in ein „schlafendes Wachen", und „das deutet auf einen außergewöhnlichen Zustand der autonomen Balance hin. Man könnte von einer willkürlichen, aber musikalisch strukturierten Beeinflussung der Herzrhythmik durch den Hexameter sprechen, die sich als Harmonisierung der Atem- mit der Kreislaufrhythmik (Blutdruck) zeigt. Die signifikante Absenkung der Herzfrequenz nach Sprachgestaltung gegenüber den Kontrollmessungen weist in die gleiche Richtung einer Beruhigung und Entspannung" (Bonin et al. 2001, 156 f.). Eine weitere Untersuchung zeigte, dass die veränderten Werte nach dem Hexameter-Sprechen noch mindestens 15 Minuten anhielten (Bettermann et al. 2002). Es lag auf der Hand, dass sich bei mehrfacher Anwendung das Befinden kranker Probanden signifikant verbessern würde.

Um den Effekt genauer zu erkunden, folgte eine aufwendige Untersuchung mit Forschern der Universitäten Witten-Herdecke, Bern und Graz (Cysarz et al. 2004, Bonin 2010): 20 gesunde Männer und Frauen ohne Erfahrung mit anthroposophischer Sprachtherapie wurden zu drei dreiteiligen Sitzungen eingeladen, die jeweils mit 15 Minuten Ruhezeit im Sitzen begannen (S1) und endeten (S2). Dazwischen liefen die Probanden jedes Mal 20 Minuten lang mit ungefähr 50 Schritten pro Minute ruhig durch den Raum. Bei einer dieser Laufphasen sollten sie spontan atmen wie im Alltag; bei einer anderen war ihre Aufgabe, im Laufen den Atem zu kontrollieren, indem sie drei Schritte für die Ausatmung verwendeten und den vierten für die Einatmung. In einer dritten Runde wurde auf dieses Laufschema der Hexameter gesprochen, indem die Probanden Halbvers für Halbvers Texte aus Homers Odyssee sprachen, die ihnen der Therapeut in einer metrisch dem Original entsprechenden Übersetzung vorsprach.
Bei jedem Untersuchungstermin wurden während der drei Phasen die Herz- und Atem-Daten der Probanden mit Messgeräten erhoben und dann abschließend ausgewertet. Ergebnis: Beim angeleiteten Hexametersprechen entstand zwischen Herz und Atem eine hohe Synchronizität. Sie „lag trotz wachen Sprechens im Bereich der Tiefschlaf-Synchronizität. Das rhythmische System befand sich in einem tief entspannten Ausnahmezustand“ (Bonin et al. 2005). Bemerkenswert war dabei, „dass auch deutsche Hexameter eine solche koordinierende Wirkung haben, obwohl das griechische Original sicher, durch die quantitierende Natur der griechischen Metrik, noch wesentlich wirksamer sein könnte“ (Bonin 2010, 91).
Beim kontrollierten Atmen ohne Sprache erwies sich die Synchronisation als nicht ganz so stark, war aber doch noch deutlich höher als beim spontanen Alltags-Atmen, das kaum mehr einen Zusammenklang aufwies. Für Therapeuten und Pädagogen, so scheint mir, folgt daraus eine wichtige Erkenntnis: Der Hexameter entfaltet seine volle Wirkung auf den Organismus erst dann, wenn die Aufmerksamkeit der Probanden nicht mehr auf den Atemvorgang gerichtet ist, sondern innerlich ganz auf die Klänge und Bilder der Dichtung, auf das erzählte Geschehen. Die Versstruktur hat ihr Tätigkeitsfeld im Unbewussten.
Der von den Forschern nachgewiesene physiologische „Ausnahme-

zustand“ dürfte sich auch in der Antike eingestellt haben, wenn die Rhapsoden bei den Panathenäen den Griechen stunden- oder sogar tagelang die Epen Homers in Gänze vortrugen: Das unterhielt das zuhörende Volk nicht nur, sondern sorgte im Mitschwingen mit dem Atem des Sprechers vermutlich für eine tiefgreifende Harmonisierung von Leib, Seele und Geist, die einer therapeutisch-hygienischen Intervention gleichkam. In der heutigen Situation tastet man sich an diese Wirkung wieder heran, indem Hexameter und andere Verse erfolgreich zur Therapie z.B. von Bluthochdruck-Patienten eingesetzt werden (Krüerke et al. 2018, Tsouloukidse 2019).

Anmerkungen zur Historie des daktylischen Hexameters

Eine computergestützte statistische Analyse aller 15.693 Verse der Ilias (Mansilla / Bush 2003) bestätigte die Beobachtung von Philologen, dass dort viel konsequenter als in der Odyssee die Grundstruktur des Hexameters durchgehalten wird, nämlich die durch eine Zäsur bewirkte Teilung des Verses in zwei gleichlange Abschnitte, was beim mündlichen Vortrag eine sehr regelmäßige Atemführung ermöglicht (Bonin 2010).[23] Die Konstanz der mittigen Zäsur dürfte ein Indiz dafür sein, dass die Ilias ursprünglich in den Jahrhunderten der schriftlosen Kultur der Oral Poetry entstand, in einer Zeit also, als Rhapsoden nachweislich noch in der Lage waren, Zehntausende von rein mündlich tradierten Versen auswendig vorzutragen.[24] Durch

23 In der Odyssee und allen späteren Hexameter-Dichtungen herrscht bezüglich der Platzierung der Zäsur eine größere Freiheit. Selbst zwei oder drei Zäsuren in einem Vers kommen dort gelegentlich vor.

24 In diesem Falle würde Homer (wie schon antike Autoren mutmaßten) viel dichter an den Trojanischen Krieg (um 1200 v. Chr.) heranrücken. Die heutige Wissenschaft datiert seine Lebenszeit meist in das 8. Jahrhundert, weil erst im 9. Jahrhundert v. Chr. die vom phönikischen Alphabet abgeleitete griechische Schrift entstand – was möglicherweise ein Fehlschluss ist, weil Dichtung mit Schriftlichkeit gleichgesetzt wird.

die regelmäßige Teilung des Verses synchronisierte sich der Atem des Sängers ganz von selbst mit dem Versmaß 4:1, sodass sich der oben beschriebene Ausnahmezustand einstellen konnte, der heute wiederentdeckt wird und damals wohl auch noch spontane geistige Inspirationen möglich machte.[25]

Anders gesagt: Solange Dichtung rein mündlich tradiert wurde, konnte der kosmische Bezug erhalten bleiben, denn jedes auswendige Rezitieren „setzt ein gewisses im Körperempfinden verankertes Rhythmusgefühl voraus“. Sobald Dichtung aber „mit Hilfe der Schrift entsteht, können beispielsweise Überlegungen zur Vermeidung von Wiederholungen oder eine originellere Satzstruktur einfließen, die sich stärker an den Intellekt, an ein wacheres Bewusstsein wenden. Solche Überlegungen werden dann auch eine komplexere rhythmische Struktur nach sich ziehen“ (Bonin 2010, 79 f.).

In der Tat fanden die Werke Homers ihre schriftliche Fixierung wohl erst im 8. Jahrhundert v. Chr., als die Griechen allmählich begannen, sich von der alles überwölbenden Religion zu emanzipieren. Das Individuum trat hervor und stützte sein Selbstbewusstsein auf die Errungenschaft des logischen Denkens, mit dem sich Philosophie und Wissenschaft entwickeln ließen, die zusammen mit der griechischen Kunst und Kultur zur Grundlage des Abendlandes wurden. Neue Dichtungsgattungen wie Lyrik und Drama entstanden mit einer Fülle neuer Versformen, an denen man sich noch heute orientiert. Der Hexameter blieb als episches Versmaß erhalten, wurde aber immer freier und variantenreicher eingesetzt. Im Übergang zur römischen Kultur allerdings bildete sich für ihn ein komplexes Regelwerk heraus, an dem Dichter wie Vergil, Ovid, Lukrez, Horaz ihre Kunstfertigkeit zu beweisen suchten.

Die germanischen Sprachen standen, wie schon angedeutet, mit ihrer willenshaft-akzentuierenden Stammsilbenbetonung im elementaren

25 Zu berücksichtigen ist dabei, dass wohl die Epen aller Völker noch bis zum Ende des Mittelalters nicht prosaisch vorgetragen wurden, sondern in einer Art Sprechgesang, oft mit einem Zupfinstrument begleitet. Von alt- und mittelhochdeutschen Epen konnten sogar noch die Melodien rekonstruiert werden (Beyschlag 1969).

Gegensatz zu der musikalisch-wägenden Dichtung der Antike, sodass sich deren Verskunst kaum nachahmen ließ. Selbst die neue Wertschätzung der antiken Kultur im Zeitalter der Renaissance konnte dieses Hindernis nicht überwinden. Die deutsche Dichtung brauchte noch Jahrhunderte, bis sie die genügende Geschmeidigkeit erlangt hatte, um sich im 18. Jahrhundert endlich an die Nachahmung des antiken Hexameters zu wagen: Klopstocks Messias – mit 19.458 Versen eine gewollte Konkurrenz zu Homer – brachte 1748 den Durchbruch.

Klopstock nahm sich in seinem Werk die Freiheit, den Daktylus bei Bedarf durch einen Spondeus (— —) oder einen Trochäus (— u) zu ersetzen. Der Homer-Übersetzer J. H. Voß, A. W. Schlegel und andere gelehrte Dichter sahen darin einen inakzeptablen Verstoß gegen die antiken Versgesetze, doch wurde mit Recht erwidert, dass es kunstwidrig sei, die deutsche Sprache zu verbiegen, um dem Vorbild restlos zu gleichen; die Natürlichkeit des Sprachflusses müsse im Deutschen gewahrt bleiben. Diese Auffassung hat sich durchgesetzt, seit Goethe und Schiller meisterhafte Beispiele gaben, dass das möglich ist. Insgesamt allerdings fand der Hexameter nach der Weimarer Klassik keine größere Verbreitung.

Wer heute deutsche Hexameter sucht, die kongenial dem homerischen Vorbild entsprechen, der findet sie z.B. in Goethes Fragment Achilleis. Die hier erreichte künstlerische Qualität sollte unbedingt zum Maßstab genommen werden, wenn man Hexameter therapeutisch oder pädagogisch einsetzen möchte. Eintönig klappernde Verse ohne jede Variation (wie sie Laien z.T. selbst fabrizieren, um sich das Grundmuster einzuhämmern) sind nicht zielführend, denn es gibt ein Paradoxon, das Ärzte gut kennen: „Selbst in Ruhe schlägt das Herz nie absolut gleichmäßig. Neuere Untersuchungen haben gezeigt, dass ein zu regelmäßig schlagendes Herz sogar gesundheitsgefährdender ist, als wenn es abwechslungsreich schlägt: ‚Ein gesundes Herz tanzt, ein sterbendes marschiert'", so stellte die Chronobiologie fest (Roßlenbroich 1994, 33). Der originale griechische Hexameter kennt hinsichtlich der Platzierung der Zäsuren und des Wechsels zwischen Daktylus und Spondeus eine unerschöpfliche Fülle von Variationen. Schon unter den ersten zehn Versen der Odyssee zähle ich nur drei, die in ihrer metrischen Gestaltung völlig gleich mit einem anderen Vers sind. Und doch setzt sich regelmäßig in der zweiten Hälfte das Grundschema des Daktylus durch, sodass die gesundheitsstiftende Balance zwischen Freiheit und fester Ordnung gewahrt bleibt und im Spannungsfeld zwischen beiden das Leben pulsiert.

5 „Leises Heilen" – Selbstverwandlung des Kindes durch Sprache

In den ältesten Hochkulturen gab es, wie wir sahen, Dichtungen mit kultischem Charakter: Ihre rhythmisch-metrische Struktur war so angelegt, dass Atem und Herzschlag sich im Sprechen oder Singen kosmischen Gesetzmäßigkeiten anglichen und dadurch den Menschen über sein irdisches Dasein hinaus in die Sphäre göttlich-geistiger Kräfte erhoben. Dort lag die Quelle des Heilens. Jahrtausendelang kannte man indes auch den umgekehrten Weg, indem bei bestimmten Anlässen mit Hilfe besonderer Sprüche göttliche Mächte angerufen wurden, aus ihrer Sphäre herab heilend in das irdisch-materielle Sein einzugreifen. Im germanischen Raum finden wir Belege dafür in den von Karl dem Großen veranlassten Niederschriften alter „Zaubersprüche" der vorchristlichen Zeit, die im Volk von Mund zu Ohr gingen. Sie bestanden aus wenigen markanten Versen und bedienten sich in ihrer ältesten Form der Elementargewalt des Stabreims: Gesprochen mit der Wucht der Willenskräfte sollten sie eine segnende Kraft herbeirufen, um z.B. die Heilung von Verletzungen zu bewirken.[26] Wenn das glückte, durfte niemand den Erfolg seiner eigenen Fähigkeit zuschreiben, denn die göttliche Hilfe konnte nur ehrfürchtig erbeten werden; vollziehen musste sie sich jenseits des wachen Bewusstseins, nicht anders als die oben besprochenen Aufbauvorgänge im Tiefschlaf. Die katholische Kirche griff die überkommenen Segenssprüche teilweise auf und versuchte sie zu christianisieren, doch lebte das Volksgut jahrhundertelang weiter. Wie lebendig es selbst am Beginn des 20. Jahrhunderts noch war, schildert ein Zeitgenosse Rudolf Steiners, der

26 Beispiele dafür sind die althochdeutschen Merseburger Zaubersprüche und der Lorscher Bienensegen.

Waldorfpädagoge Heinz Müller (1899-1968), in seinen Kindheitserinnerungen:

> Geheimnisvolle Laute vernahm ich in einer Seitenlinie unserer Familie, in der aus alter Überlieferung Kräutersammler am Werk waren. Zu bestimmten Zeiten des Jahres, bei Sonnenauf- und -untergang, beim Sammeln und Zubereiten der Kräuter zu allerlei Hausmitteln wurden feierlich gesprochene alte Verse und Segenssprüche immer wiederholt. [...] Zum Teil sollte man bei ihrer Verwendung bestimmte Heilsegen sprechen, um ihre Wirkung zu verstärken. Wie oft hatte die Großmutter, wenn wir Kinder uns verletzt hatten, ein solches Sprüchlein in Wiederholung gesagt, und wir waren überzeugt, dass es hilft. Es versteht sich, dass das Zubereiten vieler Speisen, besonders das Brotbacken, von bestimmten Sprüchen begleitet wurde (Müller 1977, 8).

Solche Bräuche wurzelten in einer atavistischen Bewusstseinsverfassung, die den Zusammenhang des Menschen mit dem Kosmos noch wie selbstverständlich erlebte oder zumindest ahnungshaft spürte. Dass unsere Gegenwart das nicht mehr kennt, mag man bedauern, doch muss man auch die horrenden Missbrauchsmöglichkeiten bedenken, die sich in einer zunehmend vom Ego beherrschten Menschheit aufgetan hätten, wenn heute noch ein Zauberspruch oder sogar ein einziges Wort genügen würde, um im Alltag mit übernatürlichen Kräften zu operieren (nach dem Muster des Romanhelden Harry Potter). Der Zugang zu einer real wirkenden Sprachmagie musste der Menschheit zu ihrem eigenen Schutz verloren gehen.

Nachdem nun aber neuere Forschungen ergeben haben, dass drei Jahrtausende alte Hexameter in der Therapie auch heute noch zu einem gesundheitswirksamen physiologischen „Ausnahmezustand" führen (siehe Kapitel 4), ist nicht mehr zu leugnen, dass künstlerisch gestaltete Sprache geheimnisvolle Kräfte entbinden kann, die im Menschen nicht nur Gedanken und Gefühle anregen, sondern bis in die Prozesse des Körpers Effekte zeitigen, die sich mit Messgeräten erfassen lassen und folglich nicht als Placebo abgetan werden können. Daher steht nichts mehr im Wege, sie auch als moderner Mensch für Heilprozesse einzusetzen – vorausgesetzt, der Patient wird nicht in einen halbwachdämmernden Bewusstseinszustand zurückversetzt. Sein Bewusstsein sollte im Gegenteil auf eine höhere Stufe gehoben werden, auf der die immateriellen Energien, die Seele und Geist gesunden lassen, zu beobachtbaren Erfahrungstatsachen werden. Wie ist das zu erreichen?

Selbstverwandlung der Erwachsenen als Zeitnotwendigkeit

In welch subtiler Weise die Laute und Rhythmen der Sprache in die leiblichen Organe, in die Lebenskräfte und in das seelische Gefüge eingreifen, davon hatte Rudolf Steiner intime Kenntnisse. Das beweist die Fülle detaillierter Angaben, die er im sog. Dramatischen Kurs (GA 282), im Heileurythmie-Kurs (GA 315) und an vielen anderen Stellen gemacht hat. Undenkbar aber wäre es für ihn gewesen, mit einem solchen Wissen magisch auf Menschen einzuwirken; die Freiheit des Individuums war ihm heilig. Gleichwohl sah er die Möglichkeit, ja sogar die Notwendigkeit, dass Menschen unserer Zeit sich den Zugang zu den tieferen Kräften der Sprache in einer neuen Weise erarbeiten, nicht um Macht auszuüben, sondern um heilend und pädagogisch fördernd wirken zu können. Dazu muss der Mensch jedoch laut Steiner zuerst den Gang durch das Nadelöhr einer radikalen Selbstverwandlung vollziehen.

Diesen Schritt fordern heute auf ihre Weise auch Ökologen und Umweltaktivisten, indem sie auf die Sackgasse hinweisen, in die wir uns begeben haben: Weltweit wächst zwar berechtigt das Selbstbewusstsein der Individuen; im selben Zuge aber wächst auch der pure Egoismus, dessen Maßlosigkeit inzwischen zu globalen Katastrophen führt. Es scheint unausweichlich, dass sich das enge, egozentrierte Ich umstülpt zu einem „Umkreis-Ich“, welches sich für unsere gesamte Lebenswelt verantwortlich weiß und danach handelt.

Als wirklich fruchtbar hätte Steiner einen solchen Gesinnungswandel freilich nur dann erachtet, wenn gleichzeitig die reduktionistische Weltsicht des Materialismus überwunden wird, indem sich der Blick ausweitet auf die geistig-übersinnlichen Welten. Er verlangte nicht, dass jeder Mensch einen esoterischen Schulungsweg gehen müsse; aber die Anweisungen, die er zu einem solchen Weg gegeben hat, sind so gehalten, dass auch einzelne kleine Schritte bei geduldiger Übung bereits wichtige Veränderungen bewirken können. Auf diese freilassende, allen Menschen offenstehende Entwicklungsmöglichkeit setzte Steiner auch in der Pädagogik seine Zuversicht.

„Wie kann man durch die Sprache heilend und erziehend wirken?"

Steiners Hinweise für den pädagogischen Umgang mit der gesprochenen Sprache wären eine eigene Abhandlung wert; und das umso mehr, als dazu selbst in Waldorfschulen mitunter nur noch geringe oder überhaupt keine Kenntnisse mehr vorhanden sind. Eine Umfrage von Gundula Naumann unter den Waldorfschulen in Deutschland, Österreich und der Schweiz ergab, dass besonders bei kleinen oder im Aufbau befindlichen Schulen „keine oder mangelnde Kenntnisse darüber bestehen, was Sprachgestaltung ist und welche Aufgaben sie in der Schule hat bzw. haben könnte".[27]

Um wenigstens eine gewisse Vorstellung zu vermitteln von den außerordentlich weitreichenden Wirkungen pädagogisch eingesetzter Sprachbildung, die Rudolf Steiner durch die Praxis der Waldorfpädagogik bewirken wollte, entnehme ich im Folgenden einige Berichte aus dem längst vergriffenen Buch von Heinz Müller, der von Steiner persönlich in das Thema eingeführt wurde, während seiner Klassenlehrertätigkeit viele Beratungsgespräche mit ihm hatte und 1967 kurz vor seinem Tode seine Erinnerungen daran niederschrieb.[28]

Mit 21 Jahren konnte Heinz Müller in Stuttgart während seines Studiums erstmals in der Waldorfschule Uhlandshöhe hospitieren. Rudolf Steiner als Schulleiter schickte ihn zu Karl Schubert, der mit seiner heilpädagogischen Klasse gerade an der Sprache arbeitete und dem

27 Aus dem Forschungsbericht von Gundula Naumann „Sprachgestaltung an Waldorfschulen – Versuch einer Standortbestimmung" (Veröffentlichung ist in Planung bei der Pädagogischen Forschungsstelle beim Bund der Freien Waldorfschulen).
28 Müller 1977 (= 2. Auflage). Daraus sind, soweit nicht anders angegeben, alle folgenden Zitate entnommen.

Gast sogleich einen großen, schwerfälligen Jungen zuwies, der trotz täglicher Übung noch nie gesprochen hatte. Unter Schuberts Anleitung gelang es Müller nach langer Mühe, dass der Junge die allerersten Worte seines Lebens hervorbrachte. Dieses Erlebnis inspirierte Müller, sodass er, als er 1922 ein zweites Mal zur Hospitation kam, Steiner die Frage stellte, „wie man durch die Sprache heilend und erziehend wirken kann". Daraus erwuchs in den folgenden Jahren eine enge Zusammenarbeit, indem Müller regelmäßig über Schwierigkeiten einzelner seiner Schüler berichtete und Steiner ihm dazu Anregungen gab. Einer der ersten Hinweise lautete:

> „Pflegen Sie bei sich und bei Ihren Kindern mit der größten Sorgfalt die Sprache; denn bei weitem das meiste, was der Lehrer seinen Schülern gibt, kommt auf den Flügeln der Sprache zu ihnen." Niemals solle man sich im Gespräch mit Kindern sorglos einer banalen Ausdrucksweise bedienen. Das bedeute natürlich nicht, dass man in gehoben-pathetischer Art mit ihnen sprechen solle. „Denn Banalität und leeres Pathos schließen jede Herzlichkeit und vor allem den echten Humor von vornherein aus. Diese beiden aber sind für den Erzieher die wichtigsten Helfer in der Lenkung und Leitung seiner Zöglingsschar" (Müller 1977, 14).

Eine geordnete und gepflegte Sprechweise wurde von Lehramts-Aspiranten schon immer erwartet. Steiner verfolgte jedoch ein viel weiter reichendes Ziel: Er forderte, mit dem gesprochenen Wort nicht bloß Belehrungen zu erteilen, sondern in den Kindern ein lebendiges inneres Erleben anzustoßen, das die Seele beschwingt und erfüllt. Um das zu verwirklichen, muss der Pädagoge sich bereits auf dem Wege zu der oben beschriebenen Umstülpung des Ich befinden, denn selbstgefällig vorgetragene Phrasen oder gönnerhaft-herablassende Anbiederung im Alltagsjargon versperren den Zugang zu dem Inneren des Kindes, statt ihn zu öffnen. Eine wirkliche Wesensbegegnung ist so nicht möglich. Ein weiterer Aspekt kommt hinzu: Steiner forderte, im Umgang mit den Schülern nicht nur gedanklich-intellektuell zu sprechen, sondern möglichst jeden Satz mit dem eigenen Fühlen und Wollen zu verbinden, sodass der ganze Mensch in der Sprache anwesend ist; das berühre die Kinder viel stärker als ein trockenes Dozieren. Dass dies eine strenge Selbstschulung verlangt, liegt auf der Hand, aber gerade darin sah Steiner das entscheidende Momentum. Zur Begründung verwies er gerne auf die „Imponderabilien“ in der Pädagogik: Fähigkeiten, die dem Erwachsenen nicht in die Wiege gelegt waren, sondern erst mühsam errungen werden mussten, erreichen die Schüler in einer viel tieferen Schicht als das, was angelernt aus dem Studium mitgebracht wird. Der Lehrer kann durch eine bewusst errungene Vertiefung seiner Sprache das Kind dazu anregen, sich seinerseits als ganzer Mensch mit der Sprache zu verbinden. Und genau das ist es, worauf es Steiner ankam; denn nur wenn dieses ganzheitliche Hineinwachsen des Kindes in die Sprache gelingt, kann die Sprache ihre geheimen Kräfte voll entfalten. Sie wirken dann nicht durch einen gewollten „magischen“ Eingriff des Erwachsenen, sondern entstehen aus den objektiven Kräften der Sprache selbst im Inneren des Kindes!

Individuell geformte, richtungsgebende Zeugnissprüche

Eine pädagogisch wirksame Sprache war Rudolf Steiner auch in den Jahreszeugnissen für die Schülerinnen und Schüler ein wichtiges Anliegen. Statt der üblichen Leistungsbewertung in Zahlenform forderte er von jeder Lehrkraft einen handschriftlichen Text, kurz bei den Fachlehrern, bis zu zwei DIN-A4-Seiten füllend bei den Klassenlehrern bis zur 8. Klasse. An diese Texte stellte er höchste Ansprüche. Würden die nicht erreicht, so seine realistische Einschätzung, dann sei es ehrlicher, zu den altgewohnten Notenzeugnissen zurückzukehren. Müller schreibt zu Steiners Vorgaben an die Klassenlehrer:

> Rudolf Steiner legte den größten Wert darauf, dass hier ein möglichst individuelles Bild des Zöglings entworfen werden solle. Dabei sei es zu vermeiden, dass man negative Bemerkungen mache. Der Lehrer solle sich so liebevoll wie möglich in den Charakter, in die Fähigkeiten, aber auch in die Mängel und Schwächen seiner Schüler vertiefen und alles das in der wohlwollendsten Art darstellen. Erst dann dürfe so etwas folgen wie eine Beurteilung der Leistungen. Wohl müsse das Bild, das jetzt gezeichnet wird, ein recht treues, unverfälschtes sein. Aber auch hier sei jede aburteilende und richtende Note zu vermeiden. Hingegen seien Wege für das

> Bessermachen aufzuzeigen. – Während man sich in diesem Teil des Zeugnisses in den unteren Klassen ausschließlich an die Eltern wende, müsse man in der Mittelstufe die Schüler miteinbeziehen in das, was man ihnen zu sagen habe. Aufmunterung und liebevoller Zuspruch, aber nicht Ehrgeiz weckende Bemerkungen seien auch für den schwerfälligsten Schüler zu finden. Ebenso könne man mit Humor auch dem größten Schlingel beikommen (Müller 1977, 16).

Es gehört zu Steiners bedeutendsten Innovationen im Schulwesen, dass er diesen hohen pädagogischen Anspruch kulminieren ließ in der Forderung, „am Ende solle der Klassenlehrer in einem Zeugnisspruch das zusammenfassen, wovon er meint, dass es richtungsweisend seinen Schüler im folgenden Jahr begleiten soll". Und mehr noch: Er wies öfter darauf hin, dass es gut sei, wenn der Klassenlehrer diese Sprüche sogar selbst dichtet. Auf jeden Fall aber müsse es ein Spruch sein, „der für die Individualität des Kindes richtungsgebend sein kann" (Konferenz am 26. Mai 1921).

Praktische Beispiele

Was mit den Worten „richtungsgebend" oder „richtungsweisend" konkret gemeint war, erschloss sich für Heinz Müller, der ab 1923 in der Waldorfschule Hamburg-Wandsbek arbeitete, als Steiner sich bei den Treffen in Stuttgart jedes einzelne Kind seiner Klasse ausführlich beschreiben ließ, die Bilder und Zeichnungen des Kindes betrachtete und auch nach den Verhältnissen im Elternhaus fragte, sodass er eine präzise Vorstellung gewann, aus der heraus er gezielte individuelle Ratschläge geben konnte. Müller berichtet z.B. folgenden Fall:

> Ein Mädchen meiner Klasse stand immer wieder in der Gefahr, sich zu verlieren. Das Kind war sehr sanguinisch und nervös. Seine Sprache wirkte wie die eines viel jüngeren Kindes. Sie war viel zu hoch, etwas piepsend, und besonders die E- und I-Laute klangen oft schrill und aufreizend. Rudolf Steiners Rat war da, man solle einen Spruch für dieses Kind bauen, der in seinen kurzen Zeilen von einem kräftig betonten Wort am Beginn der Zeile zu einem ebenso stark betonten am Zeilenende hinstrebte. Wichtig sei es schon, dass der Lehrer diesen Spruch im eigenen

> Mühen gerade für dieses Kind gestalte. Das könne jeder Lehrer, fügte er lächelnd hinzu, wenn er sich nur wirklich ernsthaft darum bemühe (Müller 1977, 20).

Müller komponierte daraufhin den folgenden Spruch, den er sich, wie von Steiner vorgeschlagen, in der nächsten Zeit von dem Mädchen immer wieder vorsprechen ließ, wobei er darauf bestand, dass jeder Vers trotz seiner Kürze auf einen vollen Atemzug gesprochen wurde:

Wach sei mein Haupt,
Liebend mein Herz,
Helfend die Hand! –
Was ich dann tu,
Recht wird es sein,
Schön, fromm und gut.

Metrisch sind diese Verse sehr ungewöhnlich, weil sie durchweg nur aus einem einzigen Versfuß bestehen.[29] Gerade dadurch aber hatten sie, wie Müller im Blick auf das Mädchen feststellte, absichtsgemäß „etwas Weckendes, Aufrüttelndes", besonders auch durch das Aufeinanderprallen zweier Betonungen beim Verswechsel.
Besonders interessant gestaltet sich hier das Zusammenspiel mit dem Inhalt des Textes, der schrittweise auf ein Ziel zugeht und dabei leise modifizierend in das Metrum eingreift: Zunächst eilt der Satz dreimal hintereinander – wohlgeordnet und dennoch energisch – vom Adjektiv zum Substantiv, von der seelischen Kraft zu ihrem Ort im dreigegliederten Menschen. Ab dem vierten Vers wird das künftige Ergebnis des eigenen Bemühens betrachtet; die Anfangssilbe bekommt jetzt mehr Gewicht als die Schlusssilbe, sodass der anfängliche Drang einer gewissen Besonnenheit Platz macht. Das Ganze gipfelt dann überraschend in der Häufung von drei betonten Adjektiven in einem einzigen Vers – eine auffällige Änderung, die nicht nur das Ende des Gedichtes markiert, sondern beim Sprechen auch erhöhte Wachsamkeit fordert und daher ein weiteres therapeutisches Element darstellt.

29 In der antiken (auf Kürzen und Längen beruhenden) Metrik hieß dieser Versfuß Creticus: — u u —.

Wie man sieht, wurde hier ohne Anspruch auf poetische Meisterwerke der Versuch unternommen, durch einen therapeutisch angelegten Spruch dem Kind ein Mittel an die Hand zu geben (besser gesagt: in den Mund zu legen), mit dem es seiner fahrigen Nervosität entgegenwirken kann – ohne jede moralische Belehrung, ohne irgendein Bewusstmachen der Probleme, einzig und allein durch das Tun. Das Bewusstsein des Kindes ließ sich vom Inhalt des Gesprochenen leiten, und unterdessen wirkten unbewusst die rhythmischen Kräfte der Sprache ordnend und harmonisierend auf seine Leibesorganisation. Das Kind heilte sich gewissermaßen selbst, indem es sich als ganzer Mensch mit dem Spruch verband, den der geliebte Lehrer ihm „auf den Leib geschrieben" hatte. Das ist ein Beispiel für das, was Steiner als ein „leises Heilen" durch künstlerische Mittel bezeichnete, im Unterschied zu medizinisch-pharmazeutischen Interventionen, die in schwereren Fällen angezeigt sind.

Das gleiche Metrum hat Müller später gerne auch zur Behandlung cholerischer Kinder verwendet, „besonders wenn es sich um solche Choleriker handelte, die dazu neigten, sich kräftig auszutoben". Generell regte Steiner an, bei der Wahl des Versfußes „zunächst einmal dem Temperament des Kindes entgegenzukommen". Bei Phlegmatikern beispielsweise empfehle es sich, mit Trochäus-Versen zu beginnen und dann den viel lebhafteren Daktylus folgen zu lassen. Bei Sanguinikern solle man anfänglich den Anapäst einsetzen, der sich tänzelnd in zwei unbetonten Silben ergeht, bevor er zur Betonungssilbe kommt. Einige Verse später könne man dann zum Jambus übergehen, durch den die flüchtige Unbeständigkeit des Sanguinikers bedächtiger und beherrschter wird. Dazu Heinz Müllers Beispiel:

Wie das muntere Bächlein im rauschenden Springen
Von Felsen und Klippen sich stürzt,
Will es tosend und schäumend den Weg sich erzwingen,
Den Weg, der die Lust ihm verkürzt;
Denn nun fließt es im Tal der Mühle zu,
Das mächt'ge Rad es dreht.
So schafft's voll Kraft und Müh und Ruh
Sein Werk von früh bis spät.

Es sollte aber keineswegs mit jedem Zeugnisspruch eine therapeutische Absicht verbunden sein. Steiner wünschte allgemein, dass alle Waldorfschülerinnen und -schüler bis zur 8. Klasse in ihrem Jahreszeugnis einen individuell verfassten Spruch (oder einen individuell ausgesuchten Spruch aus der Literatur) erhielten, in welchem sie in bildhafter Form einen Spiegel ihres Wesens fanden und eine angedeutete Richtung für ihre weitere Entwicklung. Wo sich aber die Notwendigkeit ergab, behutsam einen Ausgleich zu schaffen für extrem ausgebildete Einseitigkeiten im Temperament oder für andere Schwierigkeiten, dort schlug Steiner besondere sprachliche Mittel wie die oben genannten vor. Frei von moralischem Druck, von Suggestion und Manipulation durfte das betroffene Kind – wie alle anderen Kinder auch – seinen Spruch regelmäßig vor der ganzen Klasse vortragen. Um ihn möglichst wohlgeformt zu sprechen, musste es seine Willenskräfte stets aufs Neue mobilisieren, und daraus resultierte dann auf Dauer die unbewusst bleibende Veränderung. Wie Münchhausen zog das Kind sich am eigenen Schopf (also ganz aus eigenem Willen) aus der Misere heraus.

Von der Sprachmagie zum Weltenwort

Hinter diesem Vorgehen wird eines der wichtigsten Prinzipien Rudolf Steiners sichtbar, das er im Umgang mit Menschen zeitlebens verfolgte: unbedingtes Vertrauen auf die in der Individualität des Anderen schlummernden Entwicklungsmöglichkeiten. Letztere durch einen kleinen Funken zu entzünden war sein Bestreben.

Ebendiese Haltung bestimmte auch seinen Umgang mit dem heiklen Thema der Sprachmagie: Eine Rückkehr zu den Riten vergangener Menschheitsepochen kam für ihn, wie schon gesagt, nicht in Betracht. Da aber die verborgenen Kräfte, die damals genutzt wurden, im Kosmos weiterhin vorhanden sind, war für ihn die Frage: Wie kann in einer Weise, die dem Entwicklungsstand der heutigen Menschheit entspricht, wieder an sie angeknüpft werden, ohne dem Missbrauch Tür und Tor zu öffnen?

Den entscheidenden Ansatzpunkt fand Steiner in der entwicklungsgeschichtlich jüngsten Kraft des Menschen, die sich erst vor zwei Jahrtausenden zu regen begann, im Laufe der Jahrhunderte immer stärker wurde und sich heute in einer weltweiten Krisis bewähren muss: in dem individuell gewordenen Einzel-Ich mit seinem noch unausgeschöpften Entwicklungspotential. Dessen Gang durch das Nadelöhr unserer Zeit – die Umwandlung vom Ego zum höheren Selbst – sah er als den einzig heilsamen Weg in die Zukunft.

Dadurch kehrt sich das gesamte Szenario um: Wurde früher die Gottheit magisch auf die Erde herabgebeten, um dort Wunder zu bewirken, so muss der heutige Erdenmensch sich zu den höheren Mächten hinaufbewegen, indem er über sein allzu irdisches Ego hinauswächst und seinem höheren Selbst entgegenstrebt. Wenn das altruistisch gelingt, erschließt sich ihm ein neues Wunder: die Heilkraft des Wortes aus Menschenmund.

Ein besonderes Ereignis ist in dieser neuen Situation die Begegnung des Erwachsenen mit dem Kind, dessen Individualität ja erst auf dem Wege ist, sich zu inkarnieren. Da Kinder, wie der Volksmund weiß, dem Himmel noch nahe sind, spüren sie untrüglich die aufwärtsstrebende Ich-Kraft, die ihnen im Erwachsenen entgegenkommt. Voller Vertrauen sind sie dann bereit, beispielsweise den Zeugnisspruch anzunehmen und sich zu eigen zu machen, ohne nach seinem Sinn und Zweck zu fragen. Was aber geschieht dadurch?

Die wohltätige Wirkung des Spruchs geht nicht allein von den Worten und Rhythmen als solchen aus, sondern vor allem von dem besonderen Fluidum, das sich durch das Ringen des Erwachsenen um die rechten Worte für das Kind geistig-real gebildet hat. Nicht umsonst erhoffte Steiner von den Klassenlehrern selbstverfasste Zeugnissprüche. Was da zwischen Ich und Ich unhörbar wirksam wird, so seine Gewissheit, sind nicht die persönlichen Kräfte des Erwachsenen, sondern durch sie geweckt die Kräfte des Weltenwortes, die Gaben des höchsten Ichs der Menschheit, das von sich selbst sagen durfte „Ich bin der Weg und die Wahrheit und das Leben“. An dieses Wesen wendet sich bittend der von Steiner verfasste Grundsteinspruch für die neu zu begründende Pädagogik, der bis heute im Boden unter dem Eingang der ersten Waldorfschule ruht.

Sprüche mit einer verborgenen, richtungsweisenden Kraft

Kinder mit einem individuellen Zeugnisspruch für das nächste Schuljahr auszurüsten, erwies sich als ein völlig neues pädagogisches Forschungsfeld, das Heinz Müller während der 42 Jahre seiner Klassenlehrertätigkeit immer weiter vertiefte. Es ist hier nicht der Ort, aus seinem Erfahrungsschatz zu berichten, was er über die heilende Wirkung nicht nur der Rhythmen und Metren, sondern auch der Vokale und Konsonanten, des pädagogisch geführten Atems und anderer Faktoren herausgefunden hat, jeweils exemplifiziert an eigenen Zeugnissprüchen. Nur ein Detail sei abschließend hervorgehoben. Es betrifft die strikte Vermeidung moralischer Vorhaltungen:

> Einmal sprach Rudolf Steiner darüber, dass der Lehrer es nicht nötig habe, in Erzählungen und Sprüche moralische Belehrungen einzuflechten. Ist das verwendete Bild oder die Erzählung eindringlich und klar genug, holt sich die Individualität des Kindes das heraus, was sie braucht. Vor dem zwölften Lebensjahr wird nur in seltenen Fällen ein Kind sich bewusst Rechenschaft darüber geben können, welchen Bezug z.B. ein Spruch zu ihm hat. Andererseits habe ich es oft erlebt, wenn ich einen neuen Spruch zum ersten Male vor der Klasse sagte, dass sich die Kinder spontan klar waren darüber, für welchen ihrer Kameraden dieser bestimmt war (Müller 1977, 23 f.).

Es war also gelungen, das Wesen eines Kindes, seine charakteristischen Neigungen und Eigenarten so treffend in ein poetisches Bild zu fassen, dass die Kinder der Klasse sofort errieten, wem der Spruch galt. Müllers wichtigste Hilfe war dabei der von Steiner empfohlene Kunstgriff, dem Kind im Zeugnisspruch niemals einen Spiegel vorzuhalten, der ihm seine Schwierigkeiten, Schwächen oder Einseitigkeiten expressis verbis benennt; vielmehr sollte der Spruch gleichnishaft ein Bild von seinem Wesen malen wie von einer Naturtatsache, auf die man mit liebevollem Interesse blickt. „Ein recht treues, unverfälschtes" Bild sollte entstehen, das in seiner poetischen Form der Individualität die Freiheit lässt, dasjenige herauszuholen, was sie zu ihrer Weiterentwicklung braucht.

Erneut zeigt sich hier Steiners felsenfestes Vertrauen auf die Eigenkräfte der Individualität, auf die der Lehrer bei allen Maßnahmen setzen sollte. Diese Haltung – man könnte sie auch Ehrfurcht nennen – ist nicht zu verwechseln mit einer oberflächlichen Positivität; sie entspringt vielmehr der tiefen Überzeugung, dass im Leib eines Kindes (wie auch jedes Erwachsenen) eine unsterbliche Entität vor uns steht, die auf die Erde gekommen ist, um sich weiter und weiter zu entwickeln. Am besten gelingt ihr das, wenn sie die Triebfeder zu Veränderungen in sich selber findet, statt von außen in eine bestimmte Richtung gedrängt zu werden.

Wird eine solche Grundhaltung bis in die Sprache und ihre Bildgehalte hinein verwirklicht, kann sie für das spätere Leben eines Kindes ungeahnte Wirkungen haben. Heinz Müller erlebte das beispielhaft, als ihm eine frühere Schülerin nach ihrem Staatsexamen „den im elften Lebensjahr erhaltenen Zeugnisspruch schickte und dazu schrieb, dass dieser richtungsweisend für ihr ganzes Leben bisher geworden sei“. Er lautete:

Im Waldesdunkel auf federndem Grund,
Da wuchern die Farne und Moose.
Sie tragen nicht Farben, vielfältig und bunt,
Wie im Garten die duftende Rose.
Sie zeigen in Kleinheit
Unendliche Feinheit.
Die Wunder des Schöpfers sind groß,
Auch in Farnkraut, Alge und Moos.

Müller fügte an: „Die junge Dame schrieb damals, dies Sprüchlein habe ihr in ihrer kindlichen Eitelkeit viel zu sagen gehabt und habe ihr stets geholfen, diese zu bekämpfen. Genau das aber war beabsichtigt, als für sie der kleine Vers etwa vierzehn Jahre früher geschrieben wurde. Über ihre Eitelkeit ist zwischen uns vorher niemals ein Wort gefallen“ (Müller 1977, 24). Der Spruch war also tatsächlich so gehalten, dass es der Individualität in Freiheit überlassen blieb, zu gegebener Zeit die gemeinte Schwäche selbst in sich zu entdecken und sie als Aufgabe für das weitere Leben willentlich zu ergreifen.

6 Pädagogik im Sechsten Kondratieff-Zyklus

Jugend in den Nöten unserer Gegenwart

In Kapitel 1 wurde auf die Zunahme psychischer und psychosomatischer Erkrankungen hingewiesen, die in Deutschland im Laufe der letzten Jahrzehnte und besonders während der Corona-Pandemie zu verzeichnen war, nicht nur bei Erwachsenen, sondern in erschreckend hoher Zahl auch bei Kindern und Jugendlichen; selbst Kinder im Vorschulalter waren in einem nie gekannten Ausmaß betroffen. Als die Presse 2021 endlich die ungeahnten Dimensionen des Problems publik machte, hätte die Öffentlichkeit eigentlich alarmiert sein müssen, da so niederschmetternde Befunde nicht ohne weitreichende Folgen für die Zukunft unserer Gesellschaft bleiben können. Dennoch fanden sie keine große Beachtung. Die beginnende Auseinandersetzung mit Russland zog immer mehr die Aufmerksamkeit auf sich, und nachdem der Krieg in der Ukraine begonnen hatte, wurden die Folgen für die deutsche Wirtschaft im Verbund mit nie dagewesenen Lieferproblemen im Welthandel so massiv, dass es für die Politik vorerst kein wichtigeres Thema gab als die Gas- und Stromversorgung für den nächsten Winter. Das Schicksal einer ganzen Generation von Kindern und Jugendlichen, deren Lebensgefühl in der Pandemie gründlich destruiert worden war, gehörte da nicht zu den naheliegendsten Sorgen für eine Zukunft, die ohnehin kaum mehr berechenbar erschien.

Selbst als im Mai 2022 die Trendstudie „Jugend in Deutschland" ergab, dass 45 Prozent der repräsentativ befragten 14- bis 29-Jährigen unter psychischen Belastungen leiden (Stress, Antriebslosigkeit, Erschöpfung, Hilflosigkeit), 27 Prozent von ihnen unter Depression oder Niedergeschlagenheit und 7 Prozent unter Suizidgedanken, schlug das keine hohen Wellen (Süddeutsche Zeitung 4.7.2022). Kein Wunder, dass sich seither eine ganze Generation junger Menschen resignierend fragt, was sie von ihrem späteren Leben überhaupt noch erhoffen kann.

Verstärkt wurde die existenzielle Verunsicherung durch das öffentliche Schulwesen, das seinen massiven Leistungsdruck bisher – unterstützt von einem Großteil der Eltern – stets auf die These stützte, in dem harten Konkurrenzkampf unserer Zeit sei nur so ein Leben in Wohlstand zu erreichen. In einer Gegenwart aber, die von globalen Klimakrisen und Umweltzerstörung betroffen ist, die an steigender Inflation und Wirtschaftseinbrüchen leidet und nicht zuletzt an einer endlosen Pandemie, ist diese Begründung hinfällig geworden, und damit auch die Motivation junger Menschen für schulisches Lernen.

Hinzu kam ein fatales Versagen der staatlichen „Gesundheitspolitik", die sich in der Pandemie einseitig mit der Verwaltung der Krankheit befasste, statt Aktionen zur Gesundheitsstärkung auf den Weg zu bringen. Bei sämtlichen Eingriffen in die Grundrechte berief man sich gebetsmühlenartig auf „die" Wissenschaft und verschwieg durchweg, dass es längst eine akademisch anerkannte Salutogenese-Forschung gibt, die von den erfolgreichen Möglichkeiten einer eigenaktiven Stärkung des Immunsystems weiß. Leider blieb diese Wissenschaft auch ihrerseits in der öffentlichen Diskussion völlig stumm, als gäbe es ihr Fachgebiet gar nicht.

Wie sollte unter solchen Umständen in der Jugend noch irgendein Lebensmut aufkommen, tatkräftig auf die Zukunft zuzugehen? Es rächt sich jetzt, dass vor der Pandemie von den Kultusministerien keinerlei Anstrengungen unternommen wurden, die überzeugenden Resultate der Salutogenese-Forschung in den Schulen und in der Lehrerausbildung in Konzepte zur Gesundheitsfürsorge umzusetzen, und zwar in solche, die nicht nur den Intellekt der Schülerinnen und Schüler erreichen mittels Belehrungen und Aufklärungsaktionen, sondern die durch eine grundlegende Neugestaltung der Methodik und Didaktik aller Schulfächer in die viel tieferen Schichten des Lebensgefühls junger Menschen dringen und dort die seelischen Kräfte der Kohärenz und Resilienz veranlagen, auf die Antonovsky und seine Nachfolger so eindrücklich hingewiesen haben. Dieses Versagen ist umso bedauerlicher, als Kohärenz und Resilienz ihre Sternstunde gerade dann erleben, wenn keine goldene Zukunft winkt, sondern große Hinder-

nisse sich auftürmen. Hier wurden bedeutende Möglichkeiten vertan. Einschränkend muss allerdings hinzugefügt werden, dass eine solche Umwälzung des Unterrichtswesens einer Bedingung unterliegt, mit der sie steht und fällt: Die dringend notwendigen seelischen Gesundungskräfte können, wie sich an den Zeugnissprüchen von Heinz Müller exemplarisch zeigte, nur dadurch in den Kindern und Jugendlichen aktiviert werden, dass die vom Erwachsenen kommenden pädagogischen Griffe einer ganz bestimmten Gesinnung entstammen, einer auf stringenter Selbsterziehung beruhenden Haltung, deren Bedeutung für die heutigen Nöte in Kapitel 5 angedeutet wurde. Nur wenn eine solche, durch und durch altruistische Gesinnung errungen wird, entsteht eine spirituelle Kraft, die dem Kind den Weg zur Gesundheit und Lebensbejahung ebnet, nicht anders als bei den Ärzten, die inzwischen die Heilkraft des Dialogs mit dem Patienten wieder entdeckt haben (siehe Kapitel 3).
Es mag sein, dass man diese Erfahrungen aus der Waldorfpädagogik wie auch aus der modernen Medizin als allzu idealistisch oder gar esoterisch abtut. Das entbindet uns aber nicht von der Notwendigkeit, für die Zukunft nach erfolgversprechenden Möglichkeiten zu suchen, wie die Gesundheitskräfte der Bevölkerung auf breitester Basis nachhaltig gestärkt werden können. Wirtschaftsforscher meinen, darauf schon eine Antwort gefunden zu haben, wie der folgende Abschnitt zeigt.

Gesundheit als Megabranche der Wirtschaft?

Die lawinenartige Zunahme psychisch bedingter Leiden schädigt nicht nur die Menschen, sondern auch die gesamte Volkswirtschaft. Gesundheit wird schon jetzt zu einem unübersehbaren Kostenfaktor in den Rechnungen der Wirtschaft, und so kann es nicht verwundern, dass Forscher eine neue Ära heraufkommen sehen, in der der Gesundheitssektor zu einer wirtschaftlich zentralen Macht heranwächst.
Gestützt wird diese Sicht durch eine Theorie des russischen Wirtschaftswissenschaftlers Nikolai Kondratieff (1892-1932), der im historischen Verlauf der Industriellen Revolution ein strukturelles Muster entdeckte, das sich bis in die Gegenwart fortsetzt: Die altbekannten

kurzzeitigen Konjunkturschwankungen werden, so fand er heraus, überlagert von langen Konjunkturwellen, die 40 bis 60 Jahre dauern, jeweils ausgelöst durch eine „Basisinnovation" wie z.B. die Erfindung der Dampfmaschine. Jede Welle brachte einen gigantischen Produktivitätsschub, mit dem die Weltwirtschaft über mehrere Jahrzehnte florierte. Kondratieff identifizierte zu seinen Lebzeiten drei solcher Zyklen. Seine Nachfolger beobachteten von 1940 bis 1990 einen vierten Zyklus sowie einen fünften im Zeichen der Informations- und Kommunikationstechniken, dessen Ende wir aktuell wohl entgegengehen. 1996 wurde durch Leo A. Nefiodow bereits der „Sechste Kondratieff" prognostiziert (Nefiodow 1996): Auf der Suche nach einer kommenden „Basisinnovation", die wieder einen kräftigen Produktivitätsschub bringen könnte, so heißt es in seinem Buch, sei die moderne Marktforschung diesmal auf ein immaterielles Gut gestoßen: auf die Gesundheit leiblicher und vor allem seelischer Art. Sie zu „erschließen" bedeute, das wirtschaftlich entscheidende Potential an Kreativität, Motivation, Zusammenarbeit, Lern- und Einsatzbereitschaft freizusetzen. Das aber stößt auf große Schwierigkeiten, die ein Rezensent des Nefiodow-Buches folgendermaßen zusammenfasst:

> Nun stellt der psychisch-soziale Bereich derzeit wohl das größte Hindernis für die wirtschaftliche Entwicklung dar. Destruktive Verhaltensweisen nehmen auf der ganzen Welt zu. Nach einer Studie der Weltgesundheitsorganisation sind Depressionen inzwischen die zweithäufigste Todesursache. Nur zehn Prozent weniger Destruktivität brächten weltweit rund 1000 Milliarden Dollar, die einen Konjunkturschub mit Millionen neuer Arbeitsplätze auslösen würden. Hier schlummern die größten Produktivitätsreserven. Um diese zu erschließen, wird die Megabranche Gesundheit expandieren (Händeler 1997).

Gesundheitsförderung also im Dienste der Wirtschaft? Die Argumentation ist seltsam inkonsistent: Festzustellen, dass die Leistungsfähigkeit einer Bevölkerung in hohem Maße von ihrer Gesundheit abhängt, ist ebenso richtig wie banal. Gesundheit als solche ist aber keine verkäufliche Ware; verdient wird an den von gesunden Menschen geschaffenen Werten materieller und immaterieller Art. Welche völlig neuen Werte sollen das in Zukunft sein? Oder soll gar nichts Neues kommen, sondern nur die derzeit nachlassende Produktivität in den vorhandenen Industriezweigen maximiert werden? Und überhaupt: Wie soll die Gesundheit in reichen Staaten gesteigert werden, wenn die Menschen dort trotz exzellenter Ausstattung mit medizinischen Hightechgeräten, effizienter Pharmaindustrie und vorbildlicher Krankenversorgung massenhaft an Depression und anderen psychischen Leiden erkranken? Was sind die Ursachen dafür, und welche Quellen der Gesundheit gilt es zu erschließen?

Zu den möglichen Quellen schreibt Händeler: „Nefiodow diskutiert die Rolle der Familie und weist auf die Bedeutung des christlichen Glaubens hin, der einer übertriebenen Ich-Bezogenheit den Boden entzieht und ein echtes Interesse am gleichberechtigten Wohlergehen anderer herbeiführt" (Händeler 1997). Man könnte also meinen, Nefiodow sehe tatsächlich den entscheidenden Ausgangspunkt in einem Gesinnungswandel vom Egoismus zu einem „echten Interesse am gleichberechtigten Wohlergehen anderer". Sachlich wäre dagegen nichts einzuwenden. Ungeklärt bleibt aber, wie es zu diesem Wandel kommen soll. Nefiodows Hinweis auf den christlichen Glauben überzeugt nicht, denn die Angehörigen der großen christlichen Konfessionen in Deutschland kehren seit langem scharenweise ihrer Kirche den Rücken, und das nicht nur aus finanziellen Gründen, sondern immer häufiger unter Protest.

Zutreffend an Nefiodows Hinweis ist jedoch die Einschätzung, dass der Antrieb für den Gesinnungswandel aus spirituellen Quellen erfolgen muss. Erst wenn die Individualität sich als ein reales geistiges Wesen begreift, das sich von Stufe zu Stufe weiterzuentwickeln vermag, wie es uns im Kleinen das Kind mit größter Selbstverständlichkeit vorlebt, erst dann ist der entscheidende Schritt möglich, der heute schon von vielen Menschen gefordert wird, nämlich vom innenzentrierten, nur auf sich selbst gerichteten Ego fortzuschreiten zu einem weit nach außen auf die ganze Menschheit, auf unsere Erde und den Kosmos gerichteten „peripheren Ich". Das ist ein Vorgang, der nicht an ein konfessionelles Christentum gebunden ist, ja überhaupt nicht an irgendeine der Weltreligionen; er bedeutet eine menschheitsübergreifende Höherentwicklung des Bewusstseins, die sich an jedem Ort der Welt und zu jeder Zeit vollziehen kann.

Diesen Menschheitsweg schon in der Pädagogik beginnen zu lassen durch eine vom höheren Ich errungene Selbstlosigkeit, die sich in einer vollkommen freilassenden, ehrfurchtsvollen Gesinnung gegenüber den Kindern manifestiert, das war Steiners tiefstes Anliegen. Was immer die Lehrerinnen und Lehrer unterrichteten – in ihren gesprochenen und geschriebenen Worten sollte diese Gesinnung fortwährend anwesend sein.
Darin liegt das Geheimnis der Heilkraft des Wortes für Leib, Seele und Geist.

7 Der weitere Entwicklungsgang der Sprache

Ist eine dezidierte Sprachpflege in der Schule noch zeitgemäß?

Ein besonderes Mittel, um den Leib im Sinne der schon erwähnten „obersten Erziehungsmaxime" durchlässig zu machen für die geistigen und seelischen Kräfte des jungen Menschen, war für Rudolf Steiner neben der Kunst auch die Sprache. Auf den ersten Blick könnte der Eindruck entstehen, Steiner habe mit diesem Anliegen lediglich eine Tradition fortführen wollen, die in den öffentlichen Schulen damals noch fest verankert war, nämlich die Pflege literarisch-poetischer Sprache, die nicht nur als Lektüre, sondern auch auswendig gelernt und laut gesprochen ihren festen Platz im Unterricht hatte. Die Persönlichkeiten seines ersten Lehrerkollegiums waren ja vor der Jahrhundertwende geboren und somit – wie auch ihre Kollegen an staatlichen Schulen – noch in die sprachliche Hochkultur des 19. Jahrhunderts hineingewachsen, für die der Umgang mit poetischen Meisterwerken eine Selbstverständlichkeit war und dazu führte, dass viele Menschen noch im höchsten Alter Balladen von Schiller, Uhland oder anderen Klassikern auswendig rezitieren konnten.

Die Vermutung trügt jedoch: Trotz hoher Wertschätzung dieser Tradition wusste Steiner nur zu gut, dass es sich um einen auslaufenden Entwicklungsstrom handelte, der seinem Ende entgegenging und für die Zukunft völlig neu gegriffen werden müsste. Das zeigte sich in den politisch und sozial bewegten Monaten vor und nach der Gründung der Waldorfschule, in denen er in öffentlichen Vorträgen ein Bild von dem allgemeinen Zustand der Sprache zeichnete, das an Schärfe der Kritik nichts zu wünschen übrig ließ. Die gegenwärtige Menschheitsentwicklung, so legte er dar, fordere einen gänzlich neuen Umgang mit der Sprache.

Warum aber legte er dann trotzdem in allen Klassenstufen so großen Wert auf die Sprache und das Sprechen? Die tieferen Gründe dafür sind wenig bekannt. Deshalb erscheint es mir notwendig, zunächst die weitere Entwicklung der Sprache bis in die Gegenwart ins Auge zu fassen und den Befund dann mit Steiners damaligen Voraussagen zur Zukunft der Sprache zusammenzusehen.

Sprache im Wandel – eine Skizze der aktuellen Situation

Die hohe Sprachkultur Europas im 18. und 19. Jahrhundert wurde im 20. Jahrhundert abgelöst von der „Weltherrschaft der Phrase", vor deren katastrophalen Auswirkungen Steiner eindringlich warnte (Patzlaff 2017, 463 ff.). Auch viele andere Beobachter beschrieben im Laufe des Jahrhunderts, wie die Sprache mit ihren entleerten Begriffshülsen der Lüge und Täuschung, dem Missbrauch und der politischen Instrumentalisierung Vorschub leistet (z.B. Pörksen 1989, vgl. Patzlaff 2019a, 9 ff.) – ein bis heute aktuelles Thema.

Ein anderes Phänomen gesellte sich in den 1990er Jahren hinzu, als die epidemische Verbreitung des Funktionalen Analphabetismus in den Industriestaaten der Welt entdeckt wurde. Millionen Schulabgänger konnten mit gedruckten Texten nichts mehr anfangen, der gedankliche Inhalt blieb ihnen verschlossen. Der Literaturwissenschaftler Barry Sanders brachte das in den USA in einen Zusammenhang mit dem gewaltig gestiegenen Fernsehkonsum (Sanders 1995). Aber nicht nur die Kulturfähigkeit des Lesens ist seitdem bedroht, sondern auch der Erwerb der Sprech- und Sprachfähigkeit: Bis 1988 kannte man ernsthafte Sprachentwicklungsstörungen nur bei 4 Prozent der Kinder im Vorschulalter. Plötzlich aber wuchs der Anteil weltweit, in Deutschland jährlich um etwa 2 Prozent. 2000 lag dort der Durchschnittswert schon bei 20 Prozent und stieg trotz staatlicher Fördermaßnahmen bis auf 34 Prozent im Jahre 2012. Im September 2021 veröffentlichte das Institut für Generationenforschung eine repräsentative Studie, die mit einer einjährigen Befragung von 1231 Pädagoginnen und Pädagogen die aktuelle Situation von 22.511 Kindern im Alter von 0-10 Jahren erfasste (Generation-Alpha-Studie 2021). Sie stieß bei 40 Prozent der Kinder auf eine gestörte Sprachentwicklung, deutlich korrelierend mit Defiziten im motorischen und im sozialen Bereich. Eine kleinere Studie kam in demselben Zeitraum sogar auf 47 Prozent Sprachentwicklungsstörungen (11,4 % „sehr große Probleme", 17,8 % „deutliche Probleme“, 17,7 % „geringe Probleme“), sodass fast jedes zweite Kind betroffen war (SWIFT-Studie von Sommer-Himmel et al. 2021).

Schon Jahre zuvor hatte sich gezeigt, dass keineswegs nur sozial benachteiligte oder Migranten-Kinder betroffen waren, sondern auch Kinder aus gehobenen Schichten. Als Hauptgrund wurde von Beobachtern immer wieder angeführt, dass in den Familien das Gespräch verstummt sei, teils wegen zunehmender sozialer Kälte, vor allem aber wegen des hohen Fernsehkonsums. Der war in der Tat rasant angestiegen. In der BRD beispielsweise betrug 2019 die reale Sehzeit der Erwachsenen am Fernseher, wenn man die Nichtseher aus der Statistik herausrechnete, im Schnitt 319 Minuten pro Tag, also mehr als 5 Stunden (Feierabend / Scolari 2020). Entsprechend ausgedehnt dürfte das Schweigen in den Familien gewesen sein, zumal selbst dreijährige Kinder schon 2 Stunden und mehr vor dem Gerät saßen. Dass diese Werte neuerdings leicht rückläufig sind, ist nicht zunehmender Vernunft geschuldet, sondern der zunehmenden Nutzung weiterer Bildschirmgeräte wie Handy, Computer und Internet, die einen immer größeren Teil der Freizeit beanspruchen. In der Summe steigt folglich die Zeit des Verstummens am Bildschirm weiterhin kräftig an. In Deutschland wurden 2021 im statistischen Mittel fünfeinhalb Stunden dem Handy und anderen Bildschirmen gewidmet, im weltweiten Durchschnitt sieben Stunden.

Zu einem Zeitfresser entwickelten sich insbesondere die Social-Media-Plattformen, in denen heute rund die Hälfte der Menschheit verkehrt. Wer daraus den tröstlichen Schluss ziehen wollte, dass auf diese Weise dem Trend zum Verstummen der Sprache entgegengewirkt wird, der übersieht, dass sich die Kommunikation zu einem riesigen Teil ins Internet verlagert hat, also nur noch medial geschieht, gleichzeitig aber das live von Mensch zu Mensch gesprochene Wort selbst bei einem räumlichen Zusammensein häufig in erschreckendem Maße verstummt, wenn jeder nur in sein Handy starrt, Erwachsene genauso wie Jugendliche.

Ein neuer Trend kommt heute auf uns zu durch die Möglichkeit, dank Künstlicher Intelligenz (KI) Gespräche mit Maschinen zu führen. Geräte wie z.B. Alexa und Google Home stehen bereits in vielen Wohnzimmern. Aber das ist nur der Beginn, denn die Industrie hat sich zum Ziel gesetzt, immer perfektere sprechfähige Roboter auf den Markt zu bringen, mit denen Menschen eine „echte" Unterhaltung führen können. Wer naiv meint, hier werde ein Beitrag zur Rettung der Gesprächskultur geleistet, der verkennt die wahre Absicht der Produzenten: Sie profitieren nicht nur von den Verkaufserlösen, sondern auch vom Inhalt der Gespräche, die teilweise schon jetzt insgeheim aufgezeichnet werden, um daraus Persönlichkeitsprofile zu erstellen, die sich vermarkten lassen (Patzlaff 2021).
Der Datenschutz verbietet derartigen Missbrauch, technisch aber lässt er sich kaum unterbinden. Sorgen bereitet dabei, dass die Lauscher im Hintergrund durch den Sprachroboter nicht nur das Konsumverhalten und die Interessensrichtungen ihres ahnungslosen Opfers erkunden können, sondern auch intime Einblicke erhalten in sein seelisches Befinden, in seine Denkweise und politische Orientierung. Das dürfte künftig zum Einfallstor werden für psychische und mentale Manipulationen jeglicher Art, indem das Gespräch durch entsprechende KI-Programme in eine bestimmte Richtung gelenkt wird und dabei spezielle Informationen oder Desinformationen einfließen, sodass der Gesprächspartner schleichend einer Gehirnwäsche unterzogen wird und den heimlichen Drahtziehern als Marionette dient, ohne es zu bemerken. Es droht der Verlust der persönlichen Autonomie.

Ausstieg aus der Sprache – Einstieg in die digitale Welt

Die vorangegangene Skizze macht zwei gegensätzliche Prozesse sichtbar, von denen unsere Gegenwart geprägt wird: Da ist zum einen der immer stärker werdende Ausstieg aus der Sprache, und zur gleichen Zeit der immer intensiver werdende Einstieg in die virtuelle Welt elektronischer Medien. Ein ursächlicher Zusammenhang zwischen den beiden Vorgängen ist nicht ersichtlich. Was bedeutet dieser merkwürdige Befund?

Um Missverständnisse zu vermeiden, sei hier vorweg betont: Es wäre nicht sachgemäß, beide Vorgänge zu beklagen oder den einen als Rückschritt und den anderen als Fortschritt zu werten. Es handelt sich um krisenhafte Entwicklungsprozesse einer Menschheit, die sich im Übergang befindet aus einer alten, viele Jahrtausende gültigen Lebensweise in eine neue, noch unbekannte Situation. Sie geht im wörtlichen Sinne einer Krisis entgegen, einer Entscheidung, bei der sich erweisen muss, was die inzwischen gestärkte, selbstbewusst gewordene Individualität zu leisten vermag, wenn es darum geht, selbstlos die Menschheit voranzubringen. Allenthalben fühlt man, dass uns eine harte „Reifeprüfung" bevorsteht.

Diese Prüfung konfrontiert uns nicht nur mit der Klimakatastrophe, die heute in aller Munde ist, sondern fordert auch die Bewältigung anderer, oft verdrängter Bedrohungen. Zu ihnen gehört der schon in der Kindheit sich anbahnende Ausstieg aus der Sprache (Patzlaff 2017) und die gleichzeitig mit ihm auftretende massive Fesselung der menschlichen Aufmerksamkeit an die allgegenwärtigen Bildschirmmedien. Letztere üben einen psychischen Sog aus, den die Medienproduzenten mit raffinierter Immersionstechnik immer unwiderstehlicher zu machen wissen. Die Forschung spricht heute bereits von „substanzungebundener Abhängigkeit" (also Sucht) bei der Nutzung von Computern, Internet, Fernsehen und Handy. Besonders deutlich wurde das bei der Computerspielsucht unter Jugendlichen, die ebenso schwer zu therapieren ist wie eine harte Drogensucht. Lange Zeit wurde diese Gefahr geleugnet. Heute aber ist das Suchtpotential elektronischer Medien nicht mehr zu bestreiten. 2018 nahm die Weltgesundheitsorganisation WHO die Computerspielsucht in die Internationale Klassifikation der Krankheiten (ICD-11) auf. 2019 folgte die Onlinespielsucht, weitere Einträge sind zu erwarten.

Gleichwohl kann es nicht darum gehen, die Bildschirmmedien zu verteufeln. Sie sind aus unserer Gegenwart nicht mehr wegzudenken und können auch zu außerordentlich positiven Zwecken eingesetzt werden. Wir sollten aber nicht die Augen davor verschließen, dass die technische Entwicklung insgesamt immer deutlicher einem Ziel entgegenstrebt, das uns als freie, selbstbestimmte Menschen in Frage stellt. Während nämlich die Ausbreitung bildschirmgebundener

Süchte im Gange ist, taucht am Horizont bereits eine weitere digitale Herausforderung auf in Gestalt der schon erwähnten gesprächsfähigen Roboter. Sie sollen erklärtermaßen mit einer Intelligenz ausgestattet werden, die der des Menschen gleichkommt und ihn möglicherweise sogar überflügelt. Hier bahnt sich eine Generalattacke an, die eine welthistorische Entscheidung erzwingen wird, ob der Mensch gegenüber der Maschinenwelt sein Menschsein bewahren kann oder ob er allmählich zum Sklaven derjenigen Mächte wird, die ihre Herrschaft auf „intelligente" Maschinen stützen.

Angesichts so gewaltiger Aufgaben müssen wir uns die Frage stellen: Wie können junge Menschen darauf vorbereitet und gestärkt werden? Ablehnung oder Vermeidung moderner Technik sind dazu keine geeigneten Mittel. Vielmehr ist eine besondere Form von Resilienz gefordert, die dem Individuum ohne jede Technikfeindlichkeit Souveränität gegenüber der Digitaltechnik verleiht. Die Voraussetzung dafür ist jedoch eine stabile seelisch-geistige Gesundheit, die sich auf einen Körper stützen kann, welcher der Entfaltung der individuellen Freiheit kein Hindernis in den Weg legt, wie Steiner es in seiner „obersten Erziehungsmaxime" forderte. Entwicklungsfördernde Gesundheit wird somit zur Bedingung für die Wahrung des Humanen in der Zukunft.

Auf dem Wege zu einer neuen Dimension von Sprache

Kann zu dieser notwendigen Stärkung – so ist hier erneut zu fragen – die von Steiner geforderte Sprachbildung und Sprachpflege einen wesentlichen Beitrag leisten? Ist es nicht illusionär, den fortschreitenden Abbau der Sprache aufhalten oder gar abwenden zu wollen?

Das lässt sich nicht mit einem einfachen Ja oder Nein beantworten, denn Steiner betrachtete den Sachverhalt bipolar. Fußend auf dem schon von Goethe entdeckten Prinzip, dass alle Lebensprozesse sich im Spannungsfeld zweier Polaritäten entwickeln, sah Steiner in dem oben skizzierten Sprachwandel mehr als nur einen Abbauprozess, nämlich eine bedeutsame Metamorphose, vergleichbar dem Samenkorn, das in der Erde zugrunde geht und eben dadurch ein neues Leben entbindet. Dieser Doppelaspekt sollte stets mitgehört werden.

Schonungslos diagnostizierte Steiner zwar die fortschreitende Entleerung der Wörter von ihren ursprünglichen Inhalten und sprach sogar von einem „Absterben" der Sprache und von ihren „Leichnamen".[30] Er sah darin aber bei allem Negativen zugleich eine menschheitsgeschichtliche Wende, die es erforderlich macht, in ein völlig neues Verhältnis zur Sprache einzutreten: Es sei an der Zeit, endlich die Gewohnheit abzulegen, in jedem Wort noch einen feststehenden Inhalt zu vermuten, auf den man sich verlassen könnte. Schon im Ersten Weltkrieg hatte sich die Fragwürdigkeit hehrer Phrasen aus Politikermund gezeigt, die in der Wirklichkeit das krasse Gegenteil bewirkten (Patzlaff 2019a, 47 ff.). Steiner forderte deshalb die „Emanzipation von der Sprache" (Steiner 1920a, 17.1.1920) und wies auf Beispiele hin, wo uns das schon gelingt: Angenommen, jemand trifft sich erstmals mit einem Herrn Müller. Da erwartet er mit Sicherheit nicht einen mehlbestäubten Mühlenbesitzer. Was für ein Mensch hinter dem Namen steckt, kann er nicht mehr bequem aus dem Wort entnehmen, sondern er muss es erst herausfinden, und das verlangt Aktivität. Die müsse künftig, so Steiner, bei allen Wörtern der Sprache aufgewendet werden, aber dazu seien die Menschen bisher nicht bereit (Steiner 1920c, 11.9. und 21.9.1920).

Man beachte: Steiner beklagte nicht den eingetretenen Niedergang der Sprache, sondern beklagte die Weigerung der Menschen, aus dem Niedergang die notwendige Konsequenz zu ziehen, d.h. sich bewusst von den Wörtern zu lösen und das Eigentliche auf andere Weise zu erfahren. Eindringlich warnte er vor den Folgen, wenn das nicht geschieht: In die entleerten Sprachhülsen, die zu hohlen Phrasen werden, können sich unbemerkt zutiefst antihumane Kräfte einschleichen. Als aktuelles Beispiel nannte er 1920 Wilsons wohlklingende Parole vom „Selbstbestimmungsrecht der Völker" (Steiner 1920a, 6.2.1920), von der die Historiker später einräumen mussten, dass sie die mit Abstand mörderischste Phrase des 20. Jahrhunderts gewesen ist. Sie hatte Aber-

30 Steiner GA 162, 17.7.1915 / GA 190, 28.3.1919 / GA 224, 13.4.1923.

millionen Menschenleben gekostet und ein verheertes Mitteleuropa zurückgelassen.

Es mag den heutigen Leser verwirren, dass derselbe Steiner, der in der Waldorfschule auf Sprachbildung und Sprachpflege bestand, gleichzeitig von den Erwachsenen forderte, in voller Bewusstheit den Ausstieg aus der Sprache zu vollziehen, sich von ihr zu emanzipieren. Seine Begründung ergab sich jedoch nicht aus dem gegenwärtigen Zustand der Sprache, sondern aus ihrem künftigen, und den stellte er 1919 kurz vor der Eröffnung der Stuttgarter Waldorfschule in einem Vortrag in England dar. Er bemühte dazu einen Vergleich: Im Stimmengewirr einer Versammlung benutzt der Vorsitzende zuweilen ein Glöckchen, um die Aufmerksamkeit herzustellen für das, was er sagen möchte. Ein solches Klingeln, das nichts weiter ist als die Bitte zuzuhören, wird in Zukunft, so Steiner, auch die Sprache sein, „ein fortwährendes Anklingeln des Anderen", nicht aber die zu übermittelnde Botschaft (Steiner 1919a, 13.7.1919).

Das war eine erstaunliche Aussage, denn sie bedeutete, dass die fortschreitende Entleerung der Sprache auf einen Wendepunkt zuläuft, ab dem die Verständigung von Mensch zu Mensch über die Sprache hinweg geschieht. Die hörbaren Worte müssen zwar noch erklingen, doch ihre Funktion beschränkt sich (wie das Klingeln des Telefons) auf die Ankündigung, dass mir jemand etwas mitteilen möchte.

Daraus folgt eine umwälzende Neuerung: Was mir jemand sagen will, höre ich nicht mehr in seinen Worten, sondern hinter seinen Worten, genauer gesagt: nicht mehr als sinnliches Phänomen, sondern als einen realen übersinnlichen Vorgang, als „ein wirkliches, nicht ein abergläubisches Gedankenlesen". Der Mensch betritt damit einen Bereich, in dem sich Geist mit Geist, Seele mit Seele verständigen, ohne ein dazwischengeschaltetes Medium. Dieser Bereich gehört bereits der geistigen Welt an. Ein untrügliches Kennzeichen dafür ist die Tatsache, dass der Andere sein wahres Wesen nicht mehr hinter der Hülle des Körpers verbergen kann. Einem Hören, das die leibliche Fassade durchdringt, offenbart sich sein Inneres unverhüllt, und so wird man, wie Steiner es ausdrückt, „viel nackter dem Menschen gegenüberstehen als heute" (Steiner 1919a, 13.7.1919).

Das neue Hören wird praktiziert

Dieses von Steiner vorausgesagte, ins Innerste des anderen Menschen dringende Hören war ein Vierteljahrhundert später bereits einem Menschen gegeben, der es mit bewundernswerter Sicherheit einzusetzen wusste: In dem von deutschen Truppen besetzten Frankreich prüfte der blinde Jacques Lusseyran Menschen, die in die Résistance drängten, auf ihre Vertrauenswürdigkeit – ein heikler Auftrag, denn von ihm hing das Überleben der gesamten Gruppe ab. Lusseyran aber war als Blinder in der Lage, bei Hunderten von Menschen die moralische Qualifikation untrüglich aus ihrer Sprache herauszuhören. Wenige Worte genügten ihm schon, um ein sicheres Urteil zu gewinnen, und er irrte sich nie.[31]

In die gleiche Richtung wiesen Jahrzehnte später Beobachtungen, die ich an Oberstufenschülern machen konnte, die z.B. einen neuen Lehrer schon nach der ersten Stunde mit einer unglaublichen Präzision „geröntgt" hatten, nicht etwa lieblos oder arrogant, sondern mit der Nüchternheit eines Arztes, der eine treffsichere Diagnose stellt. Einmal darauf gestoßen, entdeckte ich auch im eigenen Unterricht, wie die Schülerinnen und Schüler – unhörbar und doch wahrnehmbar – eindringliche moralische Fragen an mich stellten, Fragen, die sich in meinem Empfinden zu formulierbaren Sätzen verdichteten. Sie lauteten etwa so: Tust du auch, was du sagst? Ist das, was du lehrst, durch eigene Erfahrung gedeckt? Die entscheidende Frage, auf die sie Antwort suchten, war: WER BIST DU? Und vor der konnte man sich nicht verstecken, man stand seelisch nackt da, wie von Steiner vorausgesagt. Zahlreiche Kollegen haben mir später bestätigt, dass sie an ihren Schülern das Gleiche erlebten.

Eine andere Seite des Phänomens war die, dass Schülerinnen und Schüler bei besonders intensiven Klassengesprächen und Erlebnisberichten häufig an eine Grenze stießen, an der die Sprache versagte, weil kein einziges Wort mehr ausreichend war, um die Tiefe des Gefühls, das sie innerlich bewegte, zum Ausdruck zu bringen. Stotternd rangen

31 Er beschreibt das in seiner Autobiographie „Das wiedergefundene Licht".

sie um eine passende Formulierung, aber vergeblich: Das Eigentliche ließ sich nicht aussprechen – und da geschah das Erstaunliche: Dennoch (oder gerade deswegen) verstanden die Mitschüler das Nichtgesagte aufs genaueste, wie meine Nachprüfung immer wieder ergab. Das Anklingeln der Anderen und die Verständigung über die Sprache hinweg fand hier real statt.

Der Turing-Test

Man könnte aus alledem erneut den logischen Schluss ziehen, die Sprachpflege sei obsolet. Der vermeintliche Widerspruch zwischen den Aussagen Steiners löst sich erst auf, wenn wir aufmerksam werden auf das Problem, vor das uns der zunehmende Umgang mit gesprächsfähigen Maschinen stellen wird: Solange solche Geräte noch unvollkommen sind, bleiben sie als Maschinen wahrnehmbar und können – wie auch andere Maschinen – durchaus sinnvollen Zwecken dienen. Damit gibt sich aber die moderne Technik nicht zufrieden. Sie macht kein Geheimnis daraus, dass sie mit aller Macht das Ziel verfolgt, die gesprächsfähigen Maschinen mit Hilfe der Künstlichen Intelligenz (KI) so weiterzuentwickeln, dass sie eines Tages den „Turing-Test" bestehen, mit dem sich feststellen lässt, dass die Maschine ein dem Menschen gleichwertiges Denkvermögen hat.

> „Im Zuge dieses Tests führt ein menschlicher Fragesteller, über eine Tastatur und einen Bildschirm, ohne Sicht- und Hörkontakt, eine Unterhaltung mit zwei ihm unbekannten Gesprächspartnern. Der eine Gesprächspartner ist ein Mensch, der andere eine Maschine. Kann der Fragesteller nach der intensiven Befragung nicht sagen, welcher von beiden die Maschine ist, hat die Maschine den Turing-Test bestanden und es wird der Maschine ein dem Menschen ebenbürtiges Denkvermögen unterstellt" (Wikipedia 2022, Zugriff 25.9.2022).

Doch auch damit sieht sich die Technik noch nicht am Ziel. Wie oben angedeutet, soll diese Intelligenz in menschenähnliche (humanoide) Roboter eingebaut werden, die dem Menschen mit dem Anspruch entgegentreten können, ihm in jeder Hinsicht hilfreich zu sein, als

Diener und Partner, als Unterhalter und Lebensgefährte. Eine immer enger werdende Bindung des Menschen an die Maschine soll entstehen. Während der Zeit, in der der Mensch sich an die maschinellen Pseudomenschen gewöhnt und fortschreitend von ihnen abhängig wird, sollen die KI-Maschinen nach dem Willen der Vordenker der Digitalisierung mit einer Intelligenz ausgestattet werden, die sogar noch über diejenige des Menschen hinausgeht.

Wenn das gelingt, gerät der Mensch unweigerlich unter die Herrschaft der Maschinen, das „posthumane" Zeitalter könnte beginnen. Der Mensch hätte sich dann durch seine Erfindungen selbst überflüssig gemacht, die Evolution ginge ohne ihn weiter. So jedenfalls wird es in aller Offenheit von den Vertretern des Transhumanismus proklamiert (vgl. Hübner 2020). Die oben skizzierte „Röntgen"-Fähigkeit würde damit auf ihre entscheidende Probe gestellt, denn sie bietet wohl die einzige Möglichkeit, die Ich-Leere der perfekten Maschine und damit ihre Nicht-Menschlichkeit sicher zu erkennen, ihren Sieg beim Turing-Test also zu verhindern.

Hierher gehört auch die Erfahrung, die Steiner vermutlich auf die Spur des künftigen übersprachlichen Hörens gebracht hat: Bevor er in dem oben zitierten Vortrag auf das „Anklingeln des Anderen" zu sprechen kommt, berichtet er, wie er beim Studieren der Literaturbetrachtungen des US-Präsidenten Woodrow Wilson auf „etwas höchst Eigentümliches" stieß, nämlich auf wörtlich klingende Ähnlichkeiten mit dem deutschen Schriftsteller Herman Grimm, ohne dass ein Plagiat vorlag. Von Wilson, so schildert er, habe er den Eindruck gehabt, …

> dass dieser Mann so redet, wie wenn eigentlich etwas phonographisch abliefe, wie wenn das Bewusstsein nicht ganz dabei wäre bei seinem Reden, und wie wenn ein im Unterbewussten waltender Dämon das alles, mit Ausschaltung der eigentlichen Persönlichkeit des Woodrow Wilson, heraufsprudeln würde, was sich dann wie mechanisch in die Worte und Satzfügungen kleidet. Man glaubt, mit Ahriman selber zu reden, der in den Untergründen der Woodrow Wilsonschen Seele waltet, wenn man Woodrow Wilson liest. – Herman Grimm ist dabei, bei jeder einzelnen Satzprägung, da liegt immer die ganze Persönlichkeit drinnen; Woodrow Wilson ist ganz weg, da redet ein Dämon in den Untergründen der menschlichen Seele, durch menschlichen Mund (Steiner 1919a, 13.7.1919).

Wie viel mehr müsste dieser Eindruck erst entstehen, wenn die Worte nicht einmal aus der Feder oder dem Munde eines Menschen stammen, sondern aus dem Lautsprecher einer Sprechmaschine, hinter der ein KI-gesteuertes Computerprogramm steht? Nicht ohne Grund hat Steiner 1918 fünfmal das Woodrow-Erlebnis in seinen Vorträgen an verschiedenen Orten wiederholt,[32] um die Wahrnehmung zu schärfen für den Unterschied, was einer sagt und wer es sagt. Die Formulierungen können exakt dieselben sein; ausschlaggebend ist, welche menschliche Substanz dahintersteht und ob es überhaupt eine menschliche ist.

Die verwandelte Sprache als entscheidende Gegenkraft

Aber was hat das mit der Pflege der Sprache zu tun? Die Antwort ergibt sich implizit aus Steiners Darstellungen zur Entstehung des neuen, hinter die sinnliche Oberfläche dringenden Hörens: Es konnte sich nicht ausbilden, solange der Mensch mit Seele und Geist noch vollkommen im gesprochenen Wort präsent war und es dadurch mit Leben erfüllte. Erst seitdem die Menschheit sich aus der Sprache mehr und mehr herauszieht, geschieht die große Umwälzung: Die „durch und durch geistigen" Kräfte der Sprache, die in der frühen Kindheit durch den Spracherwerb in den Leib eingearbeitet worden sind, werden allmählich frei, lösen sich heraus und verwandeln sich ihrem Wesen gemäß in ein rein geistiges Hören (Steiner 10.6.1913).
Das Organ, das auf diese Weise erworben wird, entstammt also der Sprachorganisation des Menschen. Und nun zeigt sich, wie wichtig es ist, dass sie nicht nur in früher Kindheit angelegt wird. In einer Welt des fortschreitenden Sprachverfalls bedarf sie intensiver Pflege, damit aus ihr das Neue hervorgehen kann, das sich natürlicherweise erst in

32 Die mir bekannten Vortragsstellen aus dem Jahre 1918 sind: 17.3. (GA 277) / 30.3. (GA 181) / 17.8. (GA 183) / 16.10. (GA 182) / 26.10. (GA 185). Ferner 1919 sehr ausführlich am 13.7. (GA 192).

der Pubertätszeit einstellen kann: Da löst sich der junge Mensch, wie sich in vielerlei Symptomen zeigt, von der Sprache seiner Kindheit, und das bedeutet, dass dieselben Kräfte, die den Sprachorganismus am Lebensbeginn aufgebaut haben und das Sprechen ermöglichten, sich jetzt in ein Organ verwandeln, mit dem die übersinnlich hörbare Sprache von Mensch zu Mensch wahrgenommen werden kann. Diese Errungenschaft wird das entscheidende Mittel sein, um die Autonomie des Menschen zu wahren, sodass er der Beherrscher der Technik sein kann, sie souverän nutzend, ohne ihr als Sklave zu verfallen. Sprachbildung und Sprachpflege werden so zu einem zentralen Baustein, um das Menschsein für die Zukunft zu sichern.

Danksagung

Mein erster Dank gilt der Freien Hochschule Stuttgart und hier besonders Prof. Dr. Tomáš Zdražil , der mich 2020 zur Mitwirkung an einem Forschungsprojekt einlud, das der Sprachpflege in den Waldorfschulen neue Impulse geben sollte. Dieses Angebot regte mich zu einer Untersuchung an, die sich zu einer spannenden Reise durch die heutige Wissenschaftslandschaft auswuchs. Denn Rudolf Steiners Forderung, Sprache als pädagogisches Mittel zur Förderung der Gesundheit einzusetzen, war zu seiner Zeit revolutionär, sodass ich mich fragen musste: Ist sie das auch gegenwärtig noch? Oder gibt es heute bereits Vergleichbares?

Um das zu prüfen, waren umfangreiche Recherchen notwendig, für die ich mich vor allem auf meine Assistentin Marie Hinzmann stützen konnte. Sie entdeckte in der Württembergischen Landesbibliothek und im Internet immer wieder bemerkenswerte Spuren einer offenbar neuen Entwicklung, der wir beide begeistert nachgingen. Sie hat damit Wesentliches zum Gelingen meiner Arbeit beigetragen, und dafür gebührt ihr ein herzlicher Dank.

Ein weiterer Dank gilt meinen Kolleginnen und Kollegen, die mit eigenen Forschungsansätzen zu dem genannten Hochschulprojekt befasst waren und in ihrem Kreise regelmäßig den Austausch pflegten über die in Entstehung begriffenen Studien und mich im Gespräch zu weiteren Fragestellungen ermutigten.

Hervorheben möchte ich hier noch die redaktionelle Arbeit der Projektleiterin Dr. Susanne Speckenbach, die mein Skript mit kritischem Blick gründlich durchsah und mir dabei wertvolle Hinweise geben konnte. Auch ihr sei herzlich gedankt.

Sehr gefreut habe ich mich über das Ansinnen der Hochschule, meine doch recht umfangreich gewordene Studie in Buchform zu publizieren, unterstützend zu dem Sammelband der Arbeiten meiner Kolleginnen und Kollegen, die ebenfalls zur Stärkung des Sprachimpulses in der Waldorfpädagogik beitragen wollen. Mögen beide Publikationen interessierte Leser finden!

Literaturverzeichnis

Allely, Clare S. et al. (2013): Parent-infant vocalisations at 12 months predict psychopathology at 7 years. In: Research in Developmental Disabilities, vol. 34 (3), pp. 985-993

Antonovsky, Aaron / Maoz, Benyamin / Dowty, N. / Wijsenbeek, H. (1971): Twenty years later. A limited study of the sequelae of the concentration camp experience. In: Social Psychiatry 6, pp. 186-193

Antonovsky, Aaron (1997): Salutogenese – Zur Entmystifizierung der Gesundheit. Tübingen. Originaltitel 1987: How people manage stress and stay well

Bauer, Joachim (2005): Warum ich fühle, was du fühlst. Intuitive Kommunikation und das Geheimnis der Spiegelneurone. Hamburg

Baur, Alfred (1996): Lautlehre und Logoswirken. Grundlagen der Chirophonetik. Stuttgart

Bechmann, Sascha (2020): Ideas, Concerns and Expectations (ICE) in der Arzt-Patienten-Kommunikation. Untersuchungen zu einem patientenorientierten Kommunikationsmodell. Tübingen

Benedetti, Fabrizio / Lanotte, Michele / Lopiano, Leonardo / Colloca, Luana (2007): When words are painful: Unraveling the mechanisms of the Nocebo effect. In: Neuroscience 147, pp. 260-261

Benedetti, Fabrizio / Amanzio, Martina (2011): The placebo response: How words and rituals change the patient's brain. In: Patient Education and Counseling 84, pp. 413-419

Bernardi, Luciano / Wdowczyk-Szulc, Joanna / Valenti, Cinzia / Castoldi, Stephano / Passino, Claudio / Spadacini, Giammario / Sleight, Peter (2000): Effects of controlled breathing, mental activity and mental stress with or without verbalization on heart rate variability. In: Journal of the American College of Cardiology 2000, 35 (6), pp.1462-9

Bernardi, Luciano / Sleight, Peter / Bandinelli, Gabriele / Cencetti, Simone / Fattorini, Lamberto / Wdowczyc-Szulc, Joanna / Lagi, Alfonso (2001): Effect of rosary prayer and yoga mantras on autonomic cardiovascular rhythms: comparative study. In: British Medical Journey 2001, 323, p.1446

Bettermann, Henrik / Bonin, Dietrich von / Frühwirth, Matthias / Moser, Maximilian (2002): Effects of speech therapy with poetry on heart rate rhythmicity and cardiorespiratory coordination. In: International Journal of Cardiology 2002, 84 (1), pp. 77-88

Beyschlag, Siegfried (1969): Altdeutsche Verskunst in Grundzügen. Nürnberg

Bilz, Ludwig / Sudeck, Gorden et al. (Hrsg.) (2016): Schule und Gesundheit. Ergebnisse des WHO-Jugendgesundheitssurveys „Health Behaviour in School-aged Children". Weinheim und Basel

Bonin, Dietrich von / Frühwirth, Matthias / Heusser, Peter / Moser, Maximilian (2001): Wirkungen der Therapeutischen Sprachgestaltung auf Herzfrequenz-Variabilität und Befinden. In: Forschende Komplementärmedizin und Klassische Naturheilkunde 2001, 8, S. 144-160

Bonin, Dietrich von (2004): Rezitation und Herzrhythmik. Forschungsergebnisse zur Wirkung alter Sprechtexte auf die Herzfrequenzvariabilität und das Befinden. In: Thurneysen, André (Hrsg.): Genuss und Gesundheit. Bern

Bonin, Dietrich von / Cysarz, Dirk / Frühwirth, Matthias / Lackner, Helmut / Moser, Maximilian / Heusser, Peter (2005): Wirkungen von Sprachtherapie auf die kardiorespiratorische Interaktion. Teil 2: Menschenkundliche Gesichtspunkte. In: Der Merkurstab 2005, 58 (3), S. 185-196 (Teil 1: siehe Cysarz 2005)

Bonin, Dietrich von (2010): Was wussten die Griechen von Physiologie? Wirkungen der Rezitation alter Texte auf die kardiorespiratorische Interaktion. In: Ausfeld-Hafter, Brigitte (Hrsg.): Chronobiologie. Zeitordnung von Lebensvorgängen. Bern, S. 77-94

Bossinger, Wolfgang (2006): Die heilende Kraft des Singens. Von den Ursprüngen bis zu modernen Erkenntnissen über die soziale und gesundheitsfördernde Wirkung von Gesang. Battweiler

Cysarz, Dirk / Bonin, Dietrich von / Lackner, Helmut / Heusser, Peter / Moser, Maximilian / Bettermann, Henrik (2004): Oscillations of heart rate and respiration synchronize during poetry recitation. In: American Journal of Physiology, Heart and Circulatory Physiology 287: H 579-H 587

Cysarz, Dirk / Bonin, Dietrich von / Heusser, Peter / Moser, Maximilian / Bettermann, Henrik (2005): Wirkungen von Sprachtherapie auf die kardiorespiratorische Interaktion. Teil 1: Synchronisation durch Hexameter-Rezitation. In: Der Merkurstab 2005, 58 (2), S. 98-105 (Teil 2: siehe Bonin 2005)

DAK-Gesundheit (2021) (Hrsg.): Witte, Julian / Batram, Manuel / Hasemann, Lena / Dankhoff, Mark / Greiner, Wolfgang: Kinder- und Jugendreport 2021. Gesundheitsversorgung von Kindern und Jugendlichen in Deutschland. Schwerpunkt: Suchterkrankungen. Heidelberg

Egger, Josef W. (2017): Theorie und Praxis der biopsychosozialen Medizin. Körper-Seele-Einheit und sprechende Medizin. Wien

Emmerling, Pamela (2015): Ärztliche Kommunikation. Als Erstes heile mit dem Wort ... Stuttgart

Faltermaier, Toni (2020): Salutogenese. Hrsg. Bundeszentrale für gesundheitliche Aufklärung. Aktualisierte Online-Version vom 26.3.2020

Feierabend, Sabine / Scolari, Julia (2020): Was Kinder sehen. Eine Analyse der Fernsehnutzung Drei- bis 13-Jähriger 2019. In: Media Perspektiven 4 / 2020, S. 181-195

Fleischhut, Jens (2010): Gesundheitsverhalten im Spiegel der Neuropädagogik. In: Ernährung im Fokus. April 2010, S. 146-152

Frankl, Viktor E. (1972): Der Mensch auf der Suche nach Sinn. Stuttgart

Frankl, Viktor E. (1977): ... trotzdem Ja zum Leben sagen. Ein Psychologe erlebt das Konzentrationslager. München

Gigerenzer, Gerd / Gray, J. A. Muir (Hrsg.) (2013): Bessere Ärzte, bessere Patienten, bessere Medizin. Aufbruch in ein transparentes Gesundheitswesen. Berlin

Girke, Matthias (2017): Qualitäten in der Patienten-Arzt-Beziehung: Dimensionen des Hörens. In: Maio, Giovanni (siehe dort), S. 214-236

Glöckler, Michaela (2020): Kita, Kindergarten und Schule als Orte gesunder Entwicklung. Erfahrungen und Perspektiven aus der Waldorfpädagogik für die Erziehung im 21. Jahrhundert. Stuttgart

Gottschlich, Maximilian (2007): Medizin und Mitgefühl. Die heilsame Kraft empathischer Kommunikation. Wien, Köln, Weimar

Grossarth-Maticek, Ronald (1999): Systemische Epidemiologie und präventive Verhaltensmedizin chronischer Erkrankungen. Strategien zur Aufrechterhaltung der Gesundheit. Berlin / New York

Händeler, Erik (1997): Der Sechste Kondratieff: Gesundheit wird zu einer wirtschaftlichen Macht. In: Deutsches Ärzteblatt Heft 17/1997. Online: https://www.aerzteblatt.de, Stichwort Kondratieff, Zugriff 23.9.2022

Heiland, Regine (2018): Weil Worte wirken. Wie Arzt-Patienten-Kommunikation gelingt. Theorie – Praxis – Übungen. Stuttgart

Heusser, Peter (Hrsg.) (1999): Akademische Forschung in der Anthroposophischen Medizin. Beispiel Hygiogenese: Natur- und geisteswissenschaftliche Zugänge zur Selbstheilungskraft des Menschen. Bern

Hildebrandt, Gunther / Moser, Maximilian / Lehofer, Michael (1998): Chronobiologie und Chronomedizin. Biologische Rhythmen – Medizinische Konsequenzen. Stuttgart

Hildebrandt, Gunther (1999): Das Zentrum des rhythmischen Systems. In: Heusser, Peter (siehe dort), S. 105-120

Holzhey-Kunz, Alice (2017): Psychotherapeutisches Zuhören mit einem philosophisch sensibilisierten Ohr. In: Maio, Giovanni (siehe dort), S. 124-147

Hübner, Edwin (2020): Menschlicher Geist und Künstliche Intelligenz. Die Entwicklung des Humanen inmitten einer digitalen Welt. Stuttgart

Hüther, Gerald (2004): Die Macht der inneren Bilder. Wie Visionen das Gehirn, den Menschen und die Welt verändern. Göttingen

Hüther, Gerald (2006): Wie Embodiment neurobiologisch erklärt werden kann. In: Storch, Maja / Cantieni, Benita / Tschacher, Wolfgang: Embodiment. Die Wechselwirkungen von Körper und Seele. Bern

Husemann, Armin (1989): Der musikalische Bau des Menschen. Entwurf einer plastisch-musikalischen Menschenkunde. Stuttgart

Institut für Generationenforschung (Hrsg.) (2021): Generation-Alpha-Studie zum Schulstart September 2021 in der Corona-Pandemie. Online: https://www.generation-thinking.de/post/generation-alpha-studie

Jahn, Christine (2017): Sprache pflegen – Gesundheit stärken. In: Forum Logopädie, März 2017, Vol. 31 (2), S. 34-37

Kluge, Friedrich (1963): Etymologisches Wörterbuch der deutschen Sprache. Berlin

KMK (1992). Sekretariat der Ständigen Konferenz der Kultusminister der Länder in der Bundesrepublik Deutschland (Hrsg.): Zur Situation der Gesundheitserziehung in der Schule. Bonn

Kölfen, Wolfgang (2018): Ärztliche Gespräche, die wirken. Erfolgreiche Kommunikation in der Kinder- und Jugendmedizin. Berlin

Krüerke, Daniel / Simoes-Wüst, Ana-Paula / Kaufmann, Christoph / Frank, Martina / Faldey, Alexander / Heusser, Peter / Bonin, Dietrich von (2018): Can Speech-Guided Breathing Influence Regulation and Mood Perception in Hypertensive Patients? In: Journal of Alternative and Complementary Medicine 2018, 24 (3), pp. 254-261

Lammers, Willem (2014): Logosynthese – Mit Worten heilen. Praxisbuch für Beratung, Coaching und Psychotherapie. Kirchzarten

Leibowitz, Karl A. et al. (2018): Physician Assurance Reduces Patient Symptoms in US Adults: an Experimental Study. In: Journal of General Internal Medicine 33 (12), pp. 2051-2052, published online August 20, 2018

Lietz, Hermann (2005): Reform der Schule durch Reformschulen. Kleine Schriften. Hrsg. Ralf Koerrenz. Jena

Lown, Bernard (1996): The Lost Art of Healing. Deutsche Übersetzung: Die verlorene Kunst des Heilens. Stuttgart 2004

Lown, Bernard (2014): Deutsche Übersetzung: Heilkunst – Mut zur Menschlichkeit. Stuttgart 2015

Maas, Rüdiger (2021): Generation lebensunfähig. Wie unsere Kinder um ihre Zukunft gebracht werden. München

Maio, Giovanni (2017) (Hrsg.): Auf den Menschen hören. Für eine Kultur der Aufmerksamkeit in der Medizin. Freiburg / Basel / Wien

Mansilla, Ricardo / Bush, Edward (2003): Increase of Complexity from Classical Greek to Latin Poetry. In: Complex Systems Volume 14 (3), pp. 201-213

Mantz, Sandra (2016): Arbeitsbuch Kommunizieren in der Pflege. Mit heilsamen Worten pflegen. Stuttgart

Marti, Thomas (2006): Wie kann die Schule die Gesundheit fördern? Erziehungskunst und Salutogenese. Stuttgart

Michaelsen-Gärtner, Britta / Witteriede, Heinz / Paulus, Peter (2009): Gesundheitserziehung in Schulen. In: Wulfhorst, Britta / Hurrelmann, Klaus (Hrsg.): Handbuch Gesundheitserziehung. Bern, S. 160-170

Müller, Heinz (1977): Von der heilenden Kraft des Wortes und der Rhythmen. Die Zeugnissprüche in der Erziehungskunst Rudolf Steiners. Stuttgart

Nefiodow, Leo A. (1996): Der Sechste Kondratieff – Wege zur Produktivität und Vollbeschäftigung im Zeitalter der Information. St. Augustin

Opp, Günther / Fingerle, Michael (Hrsg.) (2007): Was Kinder stärkt. Erziehung zwischen Risiko und Resilienz. München

Paschen, Harm (Hrsg.) (2010): Erziehungswissenschaftliche Zugänge zur Waldorfpädagogik. Wiesbaden

Pasierbsky, Fritz / Singendonk, Ingeborg (1992): Heilende Sprache. Frankfurt/M. 1992

Patzlaff, Rainer (1975): Otfrid von Weißenburg und die mittelalterliche versus-Tradition. (Hermaea. Germanistische Forschungen, Neue Folge Band 35). Tübingen

Patzlaff, Rainer (2017): Sprache – das Lebenselixier des Kindes. Moderne Forschung und die Tiefendimensionen des gesprochenen Wortes. Stuttgart

Patzlaff, Rainer (2019a): WORT(W)ENDE. Die Geburt der modernen Lyrik im 20. Jahrhundert. Frankfurt/M.

Patzlaff, Rainer (2019b): Rudolf Steiner und das „Nicht-Wort" in der Lyrik des 20. Jahrhunderts. Ein ergänzender Essay zu dem Buch WORT(W)ENDE. Die Geburt der modernen Lyrik im 20. Jahrhundert. Frankfurt/M.

Patzlaff, Rainer (2021): Die Sphinx des digitalen Zeitalters. Aspekte einer Menschheitskrise. Stuttgart

Paulus, Peter (2003): Schulische Gesundheitsförderung – vom Kopf auf die Füße gestellt. Von der Gesundheitsfördernden Schule zur „guten gesunden Schule". In: Aregger, Kurt / Lattmann, Urs Peter (Hrsg.): Gesundheitsfördernde Schule – eine Utopie? Konzepte, Praxisbeispiele, Perspektiven. S. 93-114

Paulus, Peter / Witteriede, Heinz (2008): Schule – Gesundheit – Bildung: Bilanz und Perspektiven. Dortmund / Berlin / Dresden (Forschung Projekt F 2033)

Paulus, Peter (2013): Mit Gesundheit gute Schule entwickeln. Zum Verhältnis von Gesundheit, Bildung und Schule. Pädagogik 6 / 2013

Paulus, Peter / Dadaczynski, Kevin (2016): Aktuelle Trends und Herausforderungen in der schulischen Prävention und Gesundheitsförderung. In: Bilz/Sudeck (siehe dort), S. 284-311

Pennebaker, James W. (2010): Heilung durch Schreiben. Ein Arbeitsbuch zur Selbsthilfe. Bern

Pörksen, Uwe (1989): Plastikwörter: die Sprache einer internationalen Diktatur. Stuttgart

Protzko, John / Aronson, Joshua / Blair, Clancy (2013): How to Make a Young Child Smarter: Evidence From the Database of Raising Intelligence. In: Perspectives on Psychological Science, Januar 2013; 8 (1), pp. 25-40

Ravens-Sieberer, Ulrike / Kaman, Anne / Otto, Christiane / Adedeji, Adekunle / Napp, Ann-Kathrin / Becker, Marcia / Blanck-Stellmacher, Ulrike / Löffler, Constanze / Schlack, Robert / Hölling, Heike / Devine, Janine / Erhart, Michael / Hurrelmann, Klaus (2021): Seelische Gesundheit und psychische Belastungen von Kindern und Jugendlichen in der ersten Welle der COVID-19-Pandemie. Ergebnisse der COPSY-Studie. Zusammenfassung online: Link.springer.com, 1. März 2021

Rizzolatti, Giacomo / Sinigaglia, Corrado (2008): Empathie und Spiegelneurone. Die biologische Basis des Mitgefühls. Frankfurt/M.

Rohen, Johannes W. (2000): Morphologie des menschlichen Organismus. Versuch einer goetheanistischen Gestaltlehre des Menschen. Stuttgart

Roßlenbroich, Bernd (1994): Die rhythmische Organisation des Menschen. Aus der chronobiologischen Forschung. Stuttgart

Sack, Martin / Lamprecht, Friedhelm (1994): Läßt sich der „Sense of coherence“ durch Psychotherapie beeinflussen? In: Lamprecht, Friedhelm & Johnen, Rolf (Hrsg.): Salutogenese. Ein neues Konzept in der Psychosomatik?, Frankfurt/M., S. 172-179

Sanders, Barry (1995): Der Verlust der Sprachkultur. Frankfurt/M.

Scheurl-Defersdorf, Mechthild R. von (2011): In der Sprache liegt die Kraft. Klar reden, besser leben. Freiburg

Scheurl-Defersdorf, Mechthild R. von (Hrsg.) (2016): Jedes Wort wirkt! Bewusste Sprache in der Pädagogik. Erlangen

Schramm, Stefanie / Wüstenhagen, Claudia (2020): Das Alphabet des Denkens. Wie Sprache unsere Gedanken und Gefühle prägt. Reinbek b. Hamburg

Schuberth, Christian (2015): Psychoneuroimmunologie und Psychotherapie. Stuttgart

Schüffel, Wolfram / Brucks, Ursula / Johnen, Rolf / Köllner, Volker / Lamprecht, Friedhelm / Schnyder, Ulrich (Hrsg.) (1998): Handbuch der Salutogenese. Konzept und Praxis. Wiesbaden

Sommer-Himmel, Roswitha / Titze, Karl / Ottmann, Sebastian (2021): Kinder mit besonderen sozialen und emotionalen Bedürfnissen. Hrsg. Sozialwissenschaftliches Institut für Forschung und Transfer (SWIFT) der Evangelischen Hochschule Nürnberg, Kompetenzzentrum Pädagogik und Entwicklung in der Kindheit

Spitzer, Manfred (2002): Lernen. Gehirnforschung und die Schule des Lebens. Heidelberg, Berlin

Steiner, Rudolf (1907a / 1987): Die Erziehung des Kindes vom Gesichtspunkte der Geisteswissenschaft. In: Lucifer-Gnosis 1903-1908, Nr. 33. GA 34, Dornach

Steiner, Rudolf (1907b / 1985): Das Gesundheitsfieber im Lichte der Geisteswissenschaft. In: Die Erkenntnis der Seele und des Geistes, Vortrag vom 5.12.1907, GA 56, Dornach

Steiner, Rudolf (1908 / 1988): Das Vergessen. In: Geisteswissenschaftliche Menschenkunde, Vortrag vom 2.11.1908. GA 107, Dornach

Steiner, Rudolf (1909 / 1984): Gesundheitsfragen im Lichte der Geisteswissenschaft. In: Wo und wie findet man den Geist? Vortrag vom 14.1.1909, GA 57, Dornach

Steiner, Rudolf (1913 / 1980): Die Freiheit der Seele im Lichte anthroposophischer Erkenntnis. In: Die Welt des Geistes und ihr Hereinragen in das physische Dasein. Vortrag vom 10.6.1913. GA 150, Dornach

Steiner, Rudolf (1917a / 1993): Geschichtliche Notwendigkeit und Freiheit – Schicksalseinwirkungen aus der Welt der Toten. GA 179, Dornach

Steiner, Rudolf (1917b / 1990): Freiheit – Unsterblichkeit – Soziales Leben. Vom Zusammenhang des Seelisch-Geistigen mit dem Leiblichen des Menschen. GA 72, Dornach

Steiner, Rudolf (1917c / 2015): Individuelle Geistwesen und ihr Wirken in der Seele des Menschen. GA 178, Dornach

Steiner, Rudolf (1917d / 1982): Bausteine zu einer Erkenntnis des Mysteriums von Golgatha. Vortrag vom 13.2.1917. GA 175, Dornach

Steiner, Rudolf (1919a / 1991): Geisteswissenschaftliche Behandlung sozialer und pädagogischer Fragen. GA 192, Dornach

Steiner, Rudolf (1919 b): Allgemeine Menschenkunde als Grundlage der Pädagogik. GA 293, Dornach

Steiner, Rudolf (1920a / 2019): Geistige und soziale Wandlungen in der Menschheitsentwickelung. GA 196, Dornach

Steiner, Rudolf (1920b / 1996): Gegensätze in der Menschheitsentwickelung. GA 197, Dornach

Steiner, Rudolf (1920c / 1985): Geisteswissenschaft als Erkenntnis der Grundimpulse sozialer Gestaltung. GA 199, Dornach

Steiner, Rudolf (1920d / 1983): Vom Einheitsstaat zum dreigliedrigen sozialen Organismus. GA 334, Dornach

Steiner, Rudolf (1921a / 1987): Die gesunde Entwickelung des Menschenwesens. Eine Einführung in die anthroposophische Pädagogik und Didaktik. GA 303, Dornach

Steiner, Rudolf (1921b / 1979): Die pädagogische Bedeutung der Erkenntnis vom gesunden und kranken Menschen. In: Erziehungs- und Unterrichtsmethoden auf anthroposophischer Grundlage, Vortrag vom 26.9.1921. GA 304, Dornach

Steiner, Rudolf (1921c / 1991): Naturbeobachtung, Experiment, Mathematik und die Erkenntnisstufen der Geistesforschung. GA 324, Dornach

Steiner, Rudolf (1922a /2017): Geistige Zusammenhänge in der Gestaltung des menschlichen Organismus. GA 218, Dornach

Steiner, Rudolf (1922b / 1991): Die Erziehung des kleinen Kindes und die Grundstimmung des Erziehers. In: Die geistig-seelischen Grundkräfte der Erziehungskunst. Vortrag vom 19.8.1922. GA 305, Dornach

Steiner, Rudolf (1922c / 1975): Kursus über künstlerische Sprachgestaltung. In: Methodik und Wesen der Sprachgestaltung. GA 280, Dornach

Steiner, Rudolf (1923a / 1989): Die pädagogische Praxis vom Gesichtspunkte geisteswissenschaftlicher Menschenerkenntnis. GA 306, Dornach

Steiner, Rudolf (1923b / 1979): Die Kunst der moralischen und physischen Erziehung. In: Anthroposophische Menschenkunde und Pädagogik, Vortrag vom 19.11.1923. GA 304a, Dornach

Steiner, Rudolf (1923c / 1979): Pädagogik und Kunst. In: Anthroposophische Menschenkunde und Pädagogik. GA 304a, Dornach

Steiner, Rudolf (1923d / 1986): Gegenwärtiges Geistesleben und Erziehung. Vortrag 11.8.1923. GA 307, Dornach

Steiner, Rudolf (1924a / 2008): Meditative Betrachtungen und Anleitungen zur Vertiefung der Heilkunst. Osterkurs, GA 316, Dornach

Steiner, Rudolf (1924b / 1989): Der pädagogische Wert der Menschenerkenntnis und der Kulturwert der Pädagogik. GA 310, Dornach

Steiner, Rudolf (1924c / 1994): Anthroposophische Menschenerkenntnis und Medizin. Vortrag 21.7.1924. GA 319, Dornach

Steiner, Rudolf (1904-1924 / 2018): Übungen mit Wort- und Sinnbild-Meditationen zur methodischen Entwicklung höherer Erkenntniskräfte. Seelenübungen I. GA 267, Dornach

Stockert, Theodor von (2016): Meine Sprache und ich. Mit Sprachstruktur Persönlichkeit entwickeln. Erlangen

SWIFT-Studie: siehe Sommer-Himmel et al.

Trautmann-Voigt, Sabine / Voigt, Bernd (2020): Grammatik der Körpersprache. Ein integratives Lehr- und Arbeitsbuch zum Embodiment. Stuttgart

Tsouloukidse, Gabriele (2019): Therapeutische Sprachgestaltung bei arterieller Hypertonie – Das ausgleichende Wirken des Hexameters. In: Der Merkurstab 2019, 6, S. 436-443

Wikipedia (2022): https://de.wikipedia.org, Stichwort „Resilienz (Psychologie)", Abschnitt 1.2 „Resilienz als Persönlichkeitseigenschaft oder Fähigkeit". Zugriff 22.11.2022

Wikipedia (2022): https://de.wikipedia.org, Stichwort „Turing-Test", Zugriff 25.9.2022

Wolf, Ursula (2010): Von der Bedeutung innerer und äußerer Rhythmen für den Menschen. In: Ausfeld-Hafter, Brigitte (Hrsg.): Chronobiologie. Zeitordnung von Lebensvorgängen. Bern, S. 95-104

Wulfhorst, Britta / Hurrelmann, Klaus (Hrsg.) (2009): Handbuch Gesundheitserziehung. Bern

Zdražil, Tomáš (2000): Gesundheitsförderung und Waldorfpädagogik. Dissertation Fakultät für Pädagogik, Universität Bielefeld

Zdražil, Tomáš (2006): Rudolf Steiner – Unterricht und Gesundheit. Quellensammlung aus dem Werk Rudolf Steiners, zusammengestellt von Tomáš Zdražil. Hrsg. Pädagogische Forschungsstelle beim Bund der Freien Waldorfschulen, Stuttgart

Zdražil, Tomáš (2010): Die Bedeutung der Gesundheitswissenschaften für das pädagogische Denken. Der gesundheitsfördernde Ansatz von Waldorfschulen. In: Paschen 2010 (siehe dort), S. 245-264

Zimmer, Renate (2019): Handbuch Sprache und Bewegung. Alltagsintegrierte Sprachbildung in der Kita. Freiburg / Basel / Wien

Zum Autor

Rainer Patzlaff, Jg. 1943, studierte Germanistik, Graecistik und Philosophie und promovierte 1973 an der FU Berlin. Nach Referendariat und Zweitem Staatsexamen unterrichtete er von 1975 bis 2002 an der Waldorfschule Uhlandshöhe in Stuttgart, ab 1982 auch als Dozent an Lehrer- und Kindergarten-Seminaren. International bekannt wurde er als Medienforscher und Publizist.
2001 gründete er das Institut für Pädagogik, Sinnes- und Medienökologie (IPSUM), ein Ausbildungs- und Forschungsinstitut mit Filialen in München und Kiel, das er bis 2021 leitete, um durch Ausbildungsgänge für Elternberatung und Medienpädagogik sowie durch Forschung und Öffentlichkeitsarbeit dem Erziehungsnotstand in der frühen Kindheit zu begegnen. In Kooperation mit den Universitäten Tübingen und Mainz führte das Institut an über 70 deutschen Waldorfschulen ein langjähriges Forschungsprojekt zum Thema „Einschulungsalter und Gesundheitsentwicklung" durch.
2010 erhielt er einen Ruf als Professor an die Alanus-Hochschule und baute dort bis 2014 den Bachelor-Studiengang für Kindheitspädagogik mit waldorfpädagogischem Schwerpunkt auf. Seit 2021 wirkt er in Stuttgart an dem Forschungsprojekt „Zukunft Waldorfpädagogik – Sprachbildung im digitalen Zeitalter" mit. Seine bekanntesten Bücher sind: „Der gefrorene Blick" (2013), „Sprache – das Lebenselixier des Kindes" (2017) und „Die Sphinx des digitalen Zeitalters" (2021).